お客様へのラブレター

「あなたから買いたい」を創り出す

SNSを制するものは集客を制する

田村めぐみ
Megumi Tamura

ビジネス教育出版社

はじめに

お金・時間・場所で選ばれるのではなく「あなただから学びたい」と言っていただける起業人生を歩みましょう！

数多くある書籍の中で、本書を手に取っていただきありがとうございます。


ビジネスをしていくには発信をしていく必要があるけれど
「何を書いたらいいのだろう？」

「満席になっている人がいるのに、私のところには全然人が集まらない」

「お申し込みがないのは、私のレッスンの金額が高いからかも。安くしたらいいのかな」

「私なんかが発信したって誰も読んでくれないんじゃないか」

ビジネスを頑張っている方なら、一度や二度は感じたことのある悩みだと思います。

この本の目的はたった1つ。
それらの悩みから解放し
どれだけ同業者がいても「あなただから学びたい」と言っていただく
愛される起業家になっていただくことです。

自分の講座やレッスンにお申し込みをいただくために
この起業の世界ではSNSを運用している方がたくさんいます。
しかし
自分の講座やレッスン（コンテンツ）ばかり発信していても

それは売り込み感となってしまい、結果、頑張っているのにお申し込みをいただけない。

そんな残念な状況になってしまいます。

私たち起業家も心があるように、画面の向こう側にいる読者さんも心があります。

発信をするときは、スマホやパソコンと向き合って書いていますが、読んでくださっている方に、たった1記事ではあっても

・勉強になったな
・楽しかったな
・ほっこりしたな
・また読みたいな

そんな読んでよかったと思っていただける「お土産」を渡せるような想いで書いていくことが何よりも大切です。

本書では、徹底したお客様目線を大切にしながらも
ただお申し込みをいただくのではなく
「あなただから学びたい！」そんなファン化をしていただくためのライティングを
包み隠さずお伝えします。

私は「子供や家族との時間を大切にしながら、好きな仕事で自立した女性を増やす」をコンセプトに今まで１５０００人以上の方へ講座をしてきました。

そして実際に、多くの方々がお客様目線のライティングを手にして、申し込みが全くなかった方が２ヶ月先まで満席。

告知をしたら15分で満席になった。体験レッスンではなく、ブログから直接20万円を超える資格講座にお申し込みがあった、など。

発信を通して、そんな未来を続々と叶えてくださいました。

詳しくは本書で解説しますが、ＳＮＳ上から見つけていただきファンになっていただくことは

決して簡単なことではありません。

満席を叶える人気講師になるには、この３つを理解し実践していくことが必須になります。

① ビジネスの全体像を知る

② 申し込みをいただく５つのライティング方法

③ 憧れ・親近感・共感を出す魅せ方

この３つを理解し実践できるようになると

料金が安いからきました
時間がちょうどよかったから来ました
場所が近かったから来ました
と言われなくなります。

飛行機や新幹線を使って会いに来てくださるお客様
他の同業者よりも価格が高くても「絶対にあなたがいいです」と言ってくださるお客様
ずっと発信を読んでいます！　大ファンです。
そんな大好きだ～！　と言えるお客様と出会える場所がこのSNSでの発信となります。

全ての発信は一期一会です。

出会った読者さんたちへラブレターを渡すように丁寧に書いていき
私たちのことを必要としてくださるお客様と出会うための
第一歩をこれからともに踏み出していきましょう。

砂漠でダイヤモンドを売らない

「好きなことを仕事にしたい！」そう感じて起業される方が多くなりました。

たとえばベビーマッサージの資格を生かしたり、ハンドメイドの教室を開いたり、

心理学の資格を生かしたカウンセラーやヨガのインストラクター、メイク講師、ファッション講師、カラーセラピー講師、カウンセラー、セラピスト、コンサル

フラワーアレンジメントの先生、お料理教室、整理収納アドバイザー、整体師などなど他にもたくさんの職種で活躍されている方々をたくさんお手伝いしてきました。

どの方々も【好きなことを仕事にするため】その専門知識をどんどん身につけお話を伺うたびに、脱帽してしまうほどの知識をお持ちです。

しかし、これだけの知識を持っていてもお客様に見つけてもらい申し込みをいただくことができません。

イメージとしましたら、誰もいない砂漠でダイヤモンドを売っているのと同じなんです。

ダイヤモンドを売りたかったら、人のいる街。もっというなら富裕層が集まるデパートなど人が沢山集まる場所で「欲しい！」と思っていただける人の前に出ていくことが何より大切です。

こんな風に自分のビジネスだけの知識＝専門家脳を磨くだけではなくお客様のいるところで商売をしていく知識＝ビジネス脳を合わせて鍛えていく必要があります。

今回は発信をメインとしていますが、このビジネス脳もどんどん鍛えていきましょう。

時間がない、お金がない、社会的繋がりがないの「3ない」をどうにかしたい！

せっかくとった資格やスキル、あるいは好きなことを持ってビジネスを頑張ろう！　としている方々も

もちろん仕事として収入を得ていくことも大切ですが、

このビジネスには他にもこんなメリットがあると考えています。

それは自分の存在価値を実感できる生き方です。

私がこのことを強く意識したのは、ビジネスをスタートさせたベビーマッサージのインストラクターをしていたときに、多くのママさんたちと話をしたときでした。

みなさん、子育てはもちろん大切だし、子供の成長を見守ることも幸せなのだけれども、家に籠もっている時間が多くなると、自分も社会で役立ちたい、必要とされてやり甲斐のある仕事がしたい、「ありがとう」と言われたいと思っているママさんたちがたくさんいたのです。

そこで私は、このような女性たちに、自分の経験を生かして一歩を踏み出せる勇気とノウハウと、そして自信を持ってもらうことができないだろうかと考えました。

多くの女性たちが抱えている「時間がない、お金がない、社会的つながりがない」の「3ない」の課題を解消したい。

この思いが今の私の仕事の根底にあります。

試行錯誤をしている人のために

嬉しいことに、私のもとには起業を目指す女性がたくさん集まってくださり、私が一人でお教えできるキャパを超えてしまいました。

そこで、既に私から起業のノウハウを習得された方々からも学べる体制も構築してきましたが、まだ私たちのことを知らずにお一人で試行錯誤を続けられている方々が多くおられます。あともう少しの知識があればうまく行くはずが、挫折しかけてしまっている人たちも多くいらっしゃると思います。

そんなときに、本書の出版の機会をいただくことができました。そのタイミングの良さに驚くと共に感謝しています。

しかも世間では多くの企業が副業を解禁し始めており、新型コロナウイルスの感染流行が在宅勤務を促進したり、企業の業績悪化によるリストラが進められるといったことなどにより、働き方や収入の得方を変えていかなければならない状況で困惑している人も増えています。

そのような社会的背景もあり、本書を出版する機会を与えていただけたと思っています。

ですから、私としても使命感を持って、本書を世に出したいと思っています。

本書のゴール

お客様と最初に出会う体験会や1ｄａｙセミナーなどフロントエンド商品

への集客に必要なイロハ解説します！　私は、ブログとインスタグラムを活用していますので、その具体的な手法もお伝えします。フロントエンド商品だけではビジネスは上手くいきませんので、集客からお客様のもっている悩みを解決することのできる本命商品にも申し込みをいただけるようになる過程を構築していただきます。

そのために必要な「伝え方」についてもぜひ身に付けてください。

ビジネスとは「お客様の問題解決である」

普段のコンサルティングの時に必ず質問をすることがあります。それが

「あなたにとって、ビジネスとはなんですか？」というものです。今までいただいてきた質問の多くが

「お客様の笑顔を増やすことです」

「価値あるものを提供してお金をいただくことです」

「自己実現のためです」

「好きな仕事をすることです」

「家族との時間を大切にするための仕事です」などなどいろんな答えをいただいてきました。もちろんどれも自分の答えですので、素晴らしいと思います。

その上で、絶対に忘れないでいただきたいビジネスの本質が
【ビジネスとはお客様の問題解決である】ということです。お客様の問題・悩みを解決することができるから、お金をいただくこともできるし、お

客様の問題を解決して豊かになるから自己実現もできる。お客様の問題を解決するからお客様の笑顔も増えるし、世の中の役に立つことができるのです。

ビジネスを頑張っていくと「もっと申し込みが欲しい！」「もっと売り上げが欲しい！」そんな想いが先行してしまうこともあります。

これはビジネスの本質からズレてしまい、自分都合の発信ばかりになる。自分よがりの発信に興味をもってくれる人は少ないため結果も出ない。そんな負のスパイラルが出来上がってしまうのです。

だからこそ、お客様の問題解決ができるビジネスの流れを理解し、1つ1つ作り上げていきましょう。

Contents 1／4

はじめに

Contents 2／4

第1章

SNSで集客しよう！

Contents 3／4

第2章

お客様へのラブレタービジネスは結婚と一緒

Contents 4／4

第3章

おまけ

第1章

SNSで集客しよう！

起業の全体像である顧客導線を理解する

ＳＮＳで情報を発信したいけれども、何を書けば良いのか分からない、というお悩みを多く聞いてきましたし、私自身も最初に悩んだ部分です。

１記事発信するだけでも、何を書こうかと悩み、気づいたら２時間や３時間経っていたことも多くありました。

「申し込みに繋がる発信」をしたいと思いつつも、実際はそんな簡単にお申し込みをいただけないのが現実です。

そのためにまず、ＳＮＳから申し込みをもらうために知っておくべきものが「顧客導線」です。

ところで話は変わりますが、ジグソーパズルをする時に最初、何を見ますか？　いきなり何をいっているの……？　と思われるかもしれませんが、少し思い出していただけると嬉しいです。

私はまずは完成図を必ずみます！　だって、完成図がわかった状態でピースを見つけていかないと完成まで時間を多く要してしまいますし、なんなら諦めてしまうかもしれません。

実はこの【発信】もビジネスというパズルの中の1ピースにすぎません。だからこそ、発信だけを考えていては、申し込みどころか、お問合せ、いいねもつかない。という残念すぎる状況になってしまいます。講座やレッスン、セッション、カウンセリングなどお客様にお伝えしていく起業をされていく場合、まずは起業の完成図を理解することがポイントになります。

図1　ビジネスの全体像を把握しよう！　顧客導線

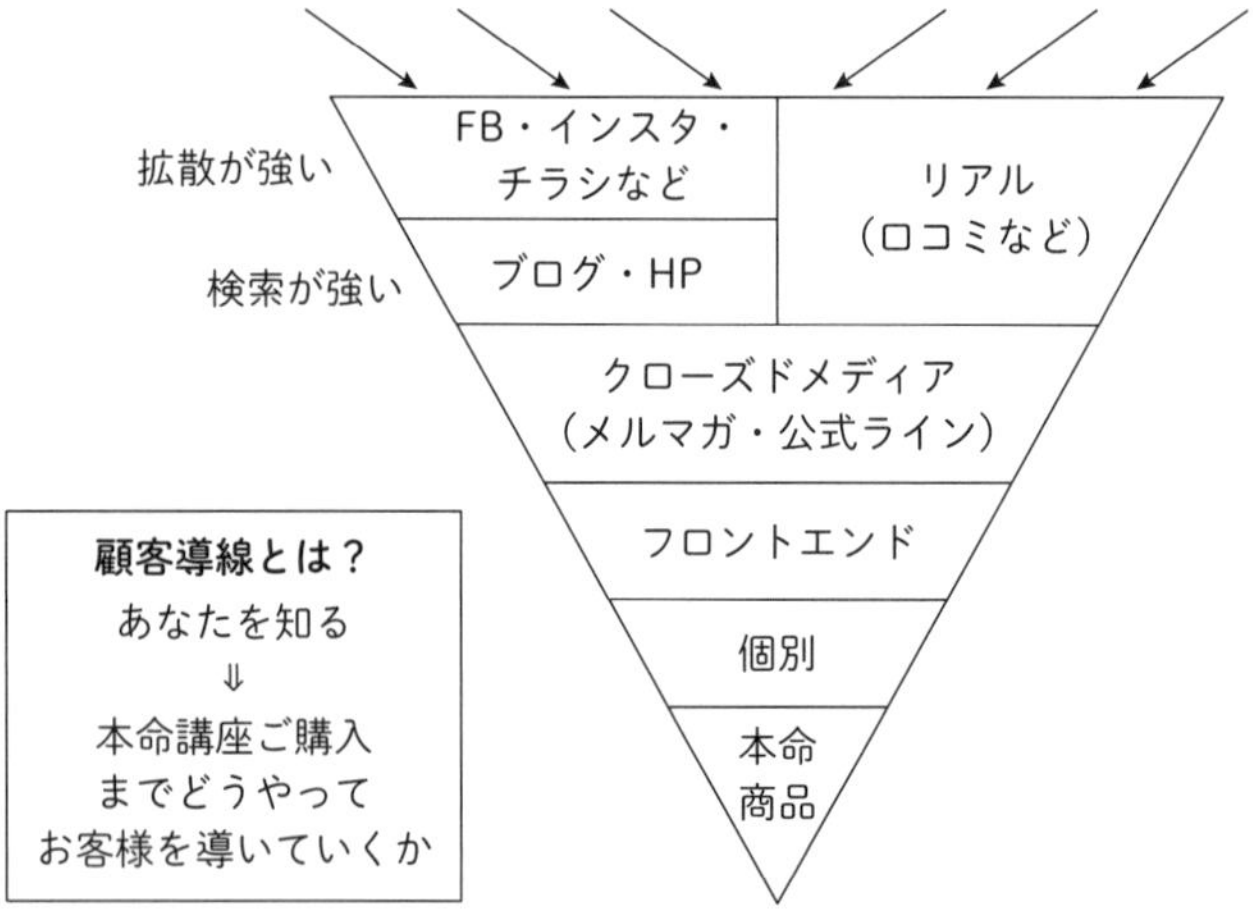

そこでまず、次の逆三角形の図を確認してください。上からお客様に知っていただく状態から本命講座（継続メニューや資格講座）に向かっていくお客様の流れを表しています。

本命商品がありますか？

ビジネスをしていく上で
最初に行っていくのが、この本命商品を作ることです。
なぜならビジネスの本質は【お客様の問題解決】です。だからこそ、このお客様の悩みや心配・不安・不満・解決したいことなどを理解し、その悩みを解決できる商品を作ることが何より大切です。
しかしながら資格やスキルを持ってビジネスされている方でも
この「本命商品」を持たない状態もしくは、わからない状態で運営をされている方が多くいます。恥ずかしながら、私自身、起業初期のベビーマッサージのインストラクターをしている時は、何が本命講座かもよくわかっていない状態でした。

日々のレッスンを楽しく行い、お客様にリピートしていただきレッスンをする。そんな状態でしたので、リピートしていただきレッスンができるだけで喜びだったのです。

しかし、しっかりとビジネスを軌道に乗せていくためには常連客にリピートしていただくだけではすぐにビジネスの限界が来てしまいます。

サービスを行わなければ売り上げは上がらないので、売り上げを増やそうとすると自分の時間は減っていきます。

長期休みやインフルエンザなどが流行する時などはキャンセルが増え売り上げの波も激しくなります。売れっ子になればなるほどお客様とのメールなどのやりとりも増え、自由な時間がなくなっていきます。

そこからも一歩、ビジネスとしてスケールするためには、本命商品を作っていく。もしくは今ある資格講座や認定講座、継続メニューを作ることが大切です。

本命商品について説明しますね。本命商品には2つの条件があります。一つは継続性です。人は1回の講座やレッスンでは、悩みを全て解決することができませんので、継続的にお客様と関われるコンテンツでなければなりません。

そしてもう一つはお客様の問題を解決状態にできること。つまり、お客様のお悩みを解決できる商品が本命商品です。この本命商品はどんな条件があると思いますか？　と質問すると「高額商品であることです」というお返事をよくいただきますが、金額が高いから本命商品なのではなく、お客様の深いお悩みを解決できるから高額になる、という考えをぜひ忘れないでいただけると嬉しいです。

本命商品を作ってからフロントエンドを作る

ビジネスを軌道にのせていくためには、全体像を描き逆算思考で商品を作ることが大切です。

ビジネスの本質はお客様の問題解決です。そのためお客様の問題（悩みや心配、不満、不安）と私自身がお客様のどんなお悩みを解決できるかを理解せずに発信や集客をスタートさせてしまうと残念ながらビジネスを安定させることができません。どんなに頑張ってもフロントエンド商品にお客様が殺到するところまでしか行けません。

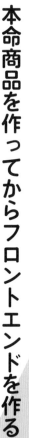

一見、忙しくて良さそうでビジネスが成功しているように見えますが、お客様がいっぱいになるとメールやお問い合わせのやりとり、講座やレッスンの事前準備などなど自分の時間がなくなってしまいます。忙しいのに売り上げは上がらない状況を私は、「フロントエンド祭り」と呼んで避けるべきものとして皆様に注意を促しています。

私の受講生さんが「フロントエンド祭り」に陥っている場合には、「お客様の悩みは一回で解決できますか？」と質問します。すると必ず「できません」という答えが返ってきます。お客様の問題を解決できる商品がない。ため、まず本命商品を作るところからスタートしてもらっています。

そもそもコンテンツは次の順番で作っていくことをオススメしています。

1　本命商品

2　フロントエンド商品

3　クロージング用提案書
4　クローズドメディア

つまり、本命商品への提案書を作成し、お客様が前のめりに「受けたいです！」と言っていただける提案力を身につけていくようにします。

4番目のクローズドメディアとは、ＬＩＮＥやメルマガなどに登録してくれた読者さんや限られた人だけに発信するメディアです。なぜ、クローズドメディアを最後にしているのかというと、クローズドメディアに登録してもらえることは簡単ではないため最後にしているのです。日々の発信からフロントエンドを満席にできるほどのライティング力や発信力が付いて初めてクローズドメディアへの登録をしてもらえるようになります。

私の受講生さんたちに対しても、日々の発信でお申し込みをいただけるようになり、満席の実績、開催の実績、お客様の声をしっかり魅せることができ読者に憧れを抱いてもらえるようになって、初めてクローズドメディアの運用を始めています。

この順番でこの土台を整えながらビジネスを行うことでどれだけ同業者がいても「あなただから受けたいです！」と言っていただけるようになります。

フロントエンド商品を構築しよう

本命商品の棚卸ができたら次に行うのが、このフロントエンド商品の作り込みです。フロントエンド商品とは、対面形式のサービスでは1回で行うレッスンやセッション、1day講座に当たる商品です。まずは1回、体験していただくお試しのようなものを言います。

いきなり本命講座にお申し込みをいただくことができたら嬉しいですが、ビジネスはそんな甘い世界ではありません。ですので、まずは手軽にお試しができるフロントエンドを作ります。

このフロントエンドを開催していく上で一番大切なことは「気づき」を与えることです。

どのような気付きかというと、「これからも先生とお付き合いしていけば、自分は変われそうだし、もっと良い未来を手に入れられそうです」という気付きです。つまり

「個別に先生からもっとお話を聞いてみたいな」と思っていただくことです。だからこそ、同業者の真似をしてなんとなく作ったり、お客様が言ってくれたからとりあえず作ったことがあるのは過去の私ですが、これではビジネスを飛躍させることができません。

ビジネスの本質はお客様の問題解決です。たった1回のフロントエンドで全てのお悩みを解決することは不可能に近いです。だからこそ、お客様の悩みを解決するために、本命商品をご購入していただくのです。

しかし、お客様はたった1回で自分の悩みは解決できるなと思ってお越しくださることが多いです。私たち起業家と視点が違うのです。だからこそ、「継続することの重要性」をこのフロントエンド商品の中で、理解していただ

だくように作り込んでいくことが大切です。

では、どうやったら「気づき」を与えることができるのか。そのための事前準備がフロントエンドで「お客様に渡せるもの」と「渡せないもの」をしっかり分けることです。

フロントエンドは十分に充実した内容なのだけれども、時間の制約上、どうしても1回では教えきれないほどのコンテンツを用意しておくのです。なぜなら、お客様のお悩みを解決できるコンテンツこそ、本命商品なので、どうしても教えきれない部分があります。フロントエンド商品を構築する際には、この前提条件が出発点になります。

だからこそフロントエンドでは、次も受けたくなるような声かけを入れていくのです。

例えば私ですと、お客様にお申し込みをいただくために「5種類の記事の書き方」をお教えしたいのだけれども、今回のセミナーではそれらのうちの一つである告知文までを教えするのが精一杯です、となります。

その時にお客様には「お申し込みをいただくためには、全部で5つの記事の書き方をマスターすることが大切です。今日はその中で、一番お申し込みをいただく上で大切な告知文の書き方をお伝えしますね。他の4つは次の講座でお伝えしていきますね」とお話しします。ポイントが、全部で何個かあるうちのたった1つだよ、と伝えることでまだまだ学ぶことがあることに気づいていただけます。

他にも「私の受講生さんは、5つの書き方をマスターした方から3ヶ月先までの満席を手にしていきました。その受講生さんたちが最初に、力を注いできた告知文の書き方を今日はお伝えしますね」など、今までの受講生さんの結果を伝えることで、5つの書き方をマスターすると、そんな未来があるのだなという気づきを渡していきます。

フロントエンドで、コンテンツをお伝えしていく時に、このように先があることを伝えながらお話をすることで自然と次回の講座に気になっていただけるのです。これをシーディング（種まき）と言いますが、これを入れるだけで次回への移行率が高くなります。ぜひやってみていただけたら嬉しいです。

さてよくあるのが、講座や教室が終わると、お客様から大量の質問攻めに遭うことがあります。これはフロントエンドの受講料だけでめいっぱい受け取りたいお客様のよくある行動です。

ここで、全ての質問に答えてしまうのは、オススメできません。

私もつい答えてしまうタイプなのですが、ここでは「とても良い質問をありがとうございます。おっしゃる通り、残りの4つの記事がとても重要なのですが、この質疑応答のお時間ではとても答えきれません。でも、特別に少しだけシェアさせていただきますね」と映画の予告編の様にさわりだけを説明して、あとは本命商品でどうぞ、と伝えます。

これは出し惜しみとは違います。実際に、フロントエンドでは伝えきれないだけのコンテンツを用意しているのです。

もし、フロントエンドでは集客できているのに、本命商品が売れないという人は、フロントエンドや質問で教え過ぎている可能性があります。フロントエンドの終わりに
「私なりにやってみます」

「また機会があれば来ますね」

「今日学んだことを行ってから、また来ますね」とお客様から言われてしまっている場合、教えすぎてしまっているかもしれません。

逆に、「先生、次はどの講座を受けたら良いですか?」と尋ねられれば、そのフロントエンドは大成功です。

実際、私の受講生さんたちもフロントエンドと本命商品の作り込みは、子

供を出産するくらい大変とおっしゃいます。しかし、そこまで作り込むから、自信を持って目の前のお客様にご提案することができるので、とても大切な部分になります。

お客様を作る STEP① 信用と実績を作ろう!

本命・フロントエンド商品をしっかり構築できたら、同時進行でこの顧客導線の1番上にあるSNS発信をしていくことが大切です。

当たり前ですが、「知ってもらう」ことをしなければ、お申し込みが入ることはありません。

さて、誰もが最初は新人です。今どれだけ売れっ子で、3ヶ月先まで満席だったり、なかなか申し込みをすることができないような方でも新人の時がありました。そう、お客様0名の時が必ずあったはずなのです。

そうしたこれから起業をもっと頑張りたい皆さんにとって、SNS発信のキッカケにお申し込みをいただくことは、非常に難易度が高いです。断言してしまってもいいかもしれませんが、お申し込みをいただくことはできないでしょう。

なぜなら「誰か」もよくわからない人から大切な時間やお金をかけて学びたいと、オモイマセンガナ、です。

だからこそ、まずは家族や友達、同僚といった「あなたのことを信用している」方にモニターとしてレッスンや講座、セッションなどをさせていただくことが大切です。

例えば、私は転勤族で今まで15回引っ越しをしてきました。毎回悩むのがどの美容院に行こうかということ。そんな時に友達になったAさんに「この地域でのオススメの美容院ってある?」と聞いていました。その場でスマホで、その美容院を見て可もなく不可もなければ、その場で予約をする。という方法をとっていました。同じだよ~という方がいましたら嬉しいです。

つまり私は、教えてもらった美容院に何の思い入れもありません。でも教えてくれたAさんは、信用をしていたのです。そう! 信用している方の言葉を信じて予約をしたのです。

話を戻しますね。人は【信用】すれば動きます。だからこそビジネスを最初にスタートさせた時には【私を信用してくれている】友達や家族から講座やレッスンをしていくことが大切になるのです。

始めたばかりは「何だかよくわからないことを始めたね」という印象でも、信用している方がやってくれることだから……と受けてくださることが多いです。

いきなりSNS発信から「はじめまして」の方を狙っていくのではなく、ぜひあなたを信用してくださっている方に応援していただくこと。これも忘れずに行っていくことをオススメします。

このリアルでお声がけして、実績を積んでいくこと。これがSNS発信からはじめましての方からお申し込みをいただくための土台になります。なぜなら大切なお金と時間を使うなら、その道のプロの方がいい！　と思うのが顧客心理です。だからこそ、発信では私は「この道のプロですよ」と魅せていくことが大切になります。その魅せ方の一つで、一番簡単にできるものが開催報告（講座やレッスンを行なった様子を魅せていく記事）です。これだけレッスン・講座をしていますよ。という実績こそプロとして見ていただく第一歩です。この実績を作るために大切な周りの方にお声がけをしてモニターとして、実績を積んでいき、これを発信で魅せていく。これがお客様0名の新人を一気に卒業する方法です。

ただこのお話をすると「ママ友に知られたくないんです」「家族には内緒にやっています」とお返事をいただくことがよくあります。少々辛口になりますが、

友人や知人、家族などの身近な大切な人に紹介できないビジネスは、まだどこかに不完全さが残っていることの裏返しです。もしかして怪しまれるのではないかという懸念があるのではないでしょうか。つまり、そのビジネス

のベクトルが、嫌われたくない、怪しまれたくない、とにかく稼ぎたいといった目的として自分に向いている場合が多いです。これを本当にお客様の問題を解決したい、とベクトルをお客様に向けることができるまで、コンテンツを見直す必要があります。

たとえば私のコンテンツは、「子供や家族との時間を大切にしながら好きな仕事で自立した女性を増やす」というミッションに基づいて作られています。ベクトルをお客様に向けているのです。

私の場合、ママ友でも、大学の後輩、看護師の仲間から何度も起業の仕方について聞かれてきましたし、私はこの働き方ができる起業が大好きなので、会話の中で自分から話して起業の話をしてしまうことが度々ありました。今現在は協会理事長さんや会社経営者さん、著者さんなど錚々たるメンバーの方とお話をすることが多くなりましたが、毛穴から滲み出てしまうほど、私は自分のコンテンツが大好きで自信を持っているので、ただ会話をしているだけで「その講座教えて」とその場でお申し込みをいただくことも多くなりました。

自分のコンテンツを我が子のように愛していて、圧倒的な自信を持てるところまで本命講座の棚卸しをする。これが何より大切だと自負しています。

ですから、コンテンツの見直しが必要な人には、「何で起業したのですか？」と尋ねています。すると「幸せなママさんを増やしたい」「自分の好きなことで自立できる女性を増やしたい」などの答えが返ってきます。「とてもいいじゃない、それならそんな風になって欲しい人が近くにいませんか？」と尋ねます。

それでも「まだ勇気がありません」という言葉が返ってくれば、それはまだ怪しく思われたくないなどというように、ベクトルが自分に向いている。またはミッションがない状態になります。この状態では絶対にお客様は来ませんので、もう一度本命商品をしっかり考えていくことが大切です。

お客様がお知り合いの場合は、人柄を知っていただいているので一定の信用パワーがあります。お客様が知らない人であっても、例えば知り合いの鈴木さんの信用のパワーをお借りするのです。すると「鈴木さんがいいと言うから受けてみようかな」となっていただけるのです。

ぜひ大切な周りの方にレッスンや講座を受けていただくことも行っていただけると嬉しいです。

その時に、必ず行っていく必要があるのが開催している実績をＳＮＳで魅せていくことです。なぜ、これが大切かというと、例えば行列があるラーメン屋さんと、お客様が全然いないラーメン屋さん

どちらが食べたいでしょうか？　と言うのと同じなのです。

同じお金をかけるなら、（時間があれば）人気のものを選びたいと思うのが顧客心理です。これだけ起業家が増え、ＳＮＳ上では同業者の発信がたくさんある中で選ばれていくには、この【開催した実績】をたくさん魅せてい

くことが、SNS上からお申し込みをいただく上で必須なのです。だからこそ、モニターさんとしてリアルで知っていただいている方にお声がけして、講座やレッスンをする時には、

・SNS上に載せて良い写真を撮らせていただくこと

・感想をいただくこと

この2点は必ずいただくことは忘れずにしてくださいね。

STEP② 3ヶ月間、毎日発信を続ける

さてこの時代、無料でSNSから集客をできるのは起業家にとってありがたい環境ですが、読者さんから信用いただくためには

最低3ヶ月間、毎日発信することが必要になります。信用を得ることは1日にしてならずです。このインターネットという怪しい世界の中で、信用していただくには常にお客様目線での発信を毎日、毎日、発信していく。そして「私を通して、お客様にどんな未来・変化をお渡ししていきたいのか」そんな想いをしっかり発信し、真摯にビジネスに向き合っている様子を見て読者さんがお客様にかわっていきます。私の受講生さんたちは、早い方で1ヶ月くらい、大体3ヶ月間くらいあればお申し込みをいただける発信に変わっ

ていきました。
詳しい書き方については3章で詳しくお伝えしますね。

多忙貧乏にならないための3つの自信

フロントエンド商品への集客が上手くいくようになると、お客様が来なかった日々が嘘のように忙しくなっていきます。このフェーズで力を入れるべきは、多忙貧乏にならないために、本命商品をご購入いただくことです。

本命商品のご購入には私の場合、次の2つの導線が中心になっています。

①　体験会や１ｄａｙセミナーといったフロントエンドで、もっと学びたいと思っていただけたお客様と個別面談でクロージングを行う方法

②　本命講座にすでに興味がある方が、発信からお申し込みをくださり個別面談でクロージングを行う方法

このクロージングは、本命講座をご提案することだと思っていただけるとわかりやすいかと思います。

他にも体験会やセミナーなど大人数の方に、一気に本命講座のご案内をする集団クロージングという方法もありますが、今回は一人一人とお話をしてくタイプのクロージングについてお伝えさせてください。

このクロージングのお話をすると、「売り込んだ感じになるから、クロー

ジングは苦手です」「お客様と楽しく話していたのに、本命講座の話になった途端、変な空気になった」などなど

クロージングに苦手意識がある方は多いように感じます。

起業を軌道に乗せていくには実は2つの力が必要になります。

1つが集客です。

起業家はお客様0名でしたらお給料も0円になってしまう残酷すぎる現実があります。どれだけパソコンの前で仕事をしても、どれだけビジネスを学んでも、お客様がいないとお給料は0円になりますので

お客様に知っていただく力が必須になります。

この本も発信からお客様にお申し込みをいただく方法をお伝えしていきますので、集客の方法をお伝えしていることになります。

2つ目がセールス力です。

これが本命商品を販売する力になります。フロントエンド（体験会や1dayセミナー）などは単価が2，000～1万円ほどのことが多いです。

もし2，000円のレッスンに4名の方が来てくれたら8，000円。

月に4回レッスンが開催できたら8，000円×4回で32，000円。この数字だけみたら、これで十分と思われる方もいます。私も最初は「4時間の稼働時間で3万以上ってすごい！」と思っていましたが、冷静に見てみると恐ろしい現実があります。

例えば、

レンタルスペースを借りた場合、1時間2,000円として
2,000円×4回＝8,000円
レッスン場所にいくまでの往復の交通費
500円
毎日の発信に1時間かけていたら　東京の最低賃金で計算すると
1,072円×1時間×30日＝32,160円
お客様との連絡や事務作業、レッスンの準備時間を
少なく見積もっても5時間
1,072円×5時間＝5,360円

1ヶ月の売り上げは
32,000円－8,000円－2,000円－32,160円－5,360円
＝－15,520円

なんと‼
15,520円も赤字になってしまうのです。

自分の時給を考えると
たった4時間で32,000円の売り上げ
32,000円÷4＝8,000円の時給！　ではなく
レッスン時間で1時間×4回＝4時間
準備や発信で35時間使うとすると、
全部で39時間自分の時間を使ってフロントエンドをしているので
32,000円÷39時間＝820.5円

時給は820円ということになります。

ついつい人件費を入れずに計算している方もいますが、これだけの労力を費やしてビジネスをしていることに気がつくためにも
自分自身の時給を考えていくことも大切です。

つまり
フロントエンドだけだと一見売り上げが上がっているように見えますが、時給を意識しないと実はボランティア状態、もしくは時給が安くなってしまう落とし穴にハマってしまうこともあるのです。

これではビジネスを続けていくのは難しくなってしまいます。
だからこそセールス力を磨いていく必要があるのです。
本命商品はお客様の問題を解決できるので高額になることが多いです。資格講座や認定講座、継続メニューなどですと10万円を超えることでしょう。

この10万円のメニューに2名お申し込みをいただければ20万円の売り上げとなります。

つまり自分の時給を一気にあげることができるのです。

ビジネスを軌道に乗せたい。そんな想いがありましたら、本命講座にお申し込みをいただく力。

そうセールス力が必須になります！

では

セールス力をつけていくために、実は大切なことが3つあります。

それが

① 商品への自信

② 自分への自信

③　結果への自信

この３つをつけることで先程あった

「売り込んだ感じになるから、クロージングは苦手です」

「お客様と楽しく話していたのに、本命講座の話になった途端、変な空気になった」

ということがなくなります。

高額な本命商品に申し込みをしたい！　と思っていただく上で最も大切なものが【自信】だと私は思っています。

自信なさげに先生が提案する講座

他人事のように先生が提案する講座に誰がお申し込みをしたいと思うかな、ということなのです。

クロージングが感覚でうまくいく方もいますが、その方に持っているものが圧倒的な自信と価値を伝えることができる言語化能力です。

これを私は感覚でできる人間ではなかったので、とにかく練習をしました。

どんな練習をしたかというと、自分の講座のフロントエンドやクロージングをビデオで撮っておき、自分の話し方を客観的に見ることからスタートしました。

何を見るかというと【自信溢れる姿】でいるかどうか。つまり視点が常にお客様にあるかということです。

クロージングがうまくいかなかった時は、資料を見ながら話すことが多くお客様の目をみて話していなかった、ということがありました。つまり下を向くことで自信がないように見えてしまうのです。

そこから、資料を見なくても、お客様からどんな質問をいただいても、下を見ずに話をする。それだけでクロージングがうまくいくようになりました。

そして本命講座のクロージングを行う際も動画で撮りました。うまくいく時は、お客様が話す割合が私が話すことより多い時でした。ついつい自分が話したくなってしまう性分でしたので、まずはお客様のお話を遮らず最後まで話を聞くこと。お客様の話してくださる内容が、建前から本音を話してくださるように、目の前にお客様がいると仮定をして、何度も何度も練習をしました。

本命講座の価値を理解すること。私の本命講座でお客様のどんな悩みを解決することができるのか。私だから伝えられることは何か。

こんな風に一つ一つ丁寧に理解をしていくことで、自信をつけていくことができた結果、「先生みたいになりたいです」と本命講座にお申し込みをいただけるようになります。

ぜひ
この3つの自信をつけていっていただけたら嬉しいです。

個別でクロージングする理由は、お客様のオーディション

本書では集団クロージングではなく、個別クロージングをオススメしていますが、その理由は

「好きなお客様にだけ提案できるようになること」です。

このクロージングを行う際、「なんかこの方が申し込んでくれたら、困ったことになるかも」「なんだか、好きじゃないかも」とお客様に対して私たち講師も人間ですから、そのように思うことがあります。

その時にお金の魔力に負けてしまうとあなたのビジネスはあっという間に

ストレスの多い仕事になってしまいます。嫌だなと思う人や場を乱すような人もお客様として入ってしまうことで大好きな講座やレッスンのはずなのに、そのお客様と付き合っていくことでストレスの多い仕事になってしまい、「こんなはずじゃなかった」と後悔することもあります。

特に注意したいのは、依存性の高すぎる人です。

自立した受講生さんたちと和気藹々と楽しくやってきたのに、一気に雰囲気が悪くなったという経験が私にもあります。

当然、参加者も主宰者も楽しくなくなり、ビジネスを続けることがしんどくなってしまうのですね。また、依存性の高い人はいつまでも自立せずに周りの人、とりわけ主宰者のエネルギーを吸い取ります。負のエネルギーは思いの外に強烈です。

ですから、自分が好きになれる人、この人なら助けたいと思える人、そして長くお付き合いできる人だけをお客様として迎え入れるようにクロージングを行っていく必要があります。

お客様を個別にオーディションする場でもあるのです。

お客様が私たちの本命商品を購入するかどうかオーディションするのではありません。私たちがお客様を選ぶのです。

お客様を選ぶ勇気を持てるようになるには、3つの自信が必要になるのです。大切な我が子のように大好きな本命講座だ！　と言える自信がつくと「好きなお客様にだけ提案できるようになること」ができるようになるのです。ぜひ好きなお客様だけをお客様にしていく勇気を持ってくださいね。

クロージングはキャッチボールを意識する

クロージングの本質はコミュニケーションです。一方的に話を進めるのではなく、お客様と一緒に楽しい未来について語り合う場となるように意識してください。

この本命商品を購入して自分自身が大きく変わった未来のお客様は、どんな活躍をしているでしょうか。継続的な収入が得られるようになり、今まで我慢していた宝塚のチケットも気軽に取れるようになっているかもしれません。お客様と雰囲気の良いコミュニティを形成できており、さみしさや孤独感を感じていたのは完全に過去の話になっているかもしれません。

ついついクロージングと聞くと、商品を提案する場として私たちサービス提供側が話してばかりの売り込みを想像してしまうかもしれませんが、大切なのはお客様が自分で考えて、自分で決めて、本命商品にお申し込みをしていただくことなのです。そのために必要なことは、しっかりとお客様のお話を聞くことになります。悩みと夢をしっかり聞いた上で、その悩みを解決できるモノが本命講座であるなら、お客様の目の前に差し出すだけになります。

ワクワクする未来を語り合えるクロージングにしてくださいね。

「今すぐ客」と「これから客」

顧客導線の中の「クローズドメディア」について説明していきます。

クローズドメディアの対義語はオープンメディアです。オープンメディアとは、テレビや新聞、ホームページなど誰でも気軽に視聴できるメディアのことです。一方クローズドメディアとは、メルマガやLINEの公式アカウントといった登録などの一手間が必要なメディアです。クローズドメディアは一手間割いても情報を知りたい方が集まってくださるので、クローズドなメディアに登録してくれた人たちは見込み客になります。

この見込み客には、大きく2つのタイプがあります。1つは今すぐにでも講座や教室の申し込みをしたいと考えている「今すぐ客」で、もう1つはそのうち申し込むかもと思っている「これから客」です。そして「これから客」が圧倒的に多いです。

このように、見込み客とは言っても「これから客」が多いということを忘れずにいることが大切です。ついつい「先行予約スタート」などなど登録者に向けて、講座や教室の案内ばかり送ってしまう方が多いのですが、これで

図1再掲　ビジネスの全体像を把握しよう！　顧客導線

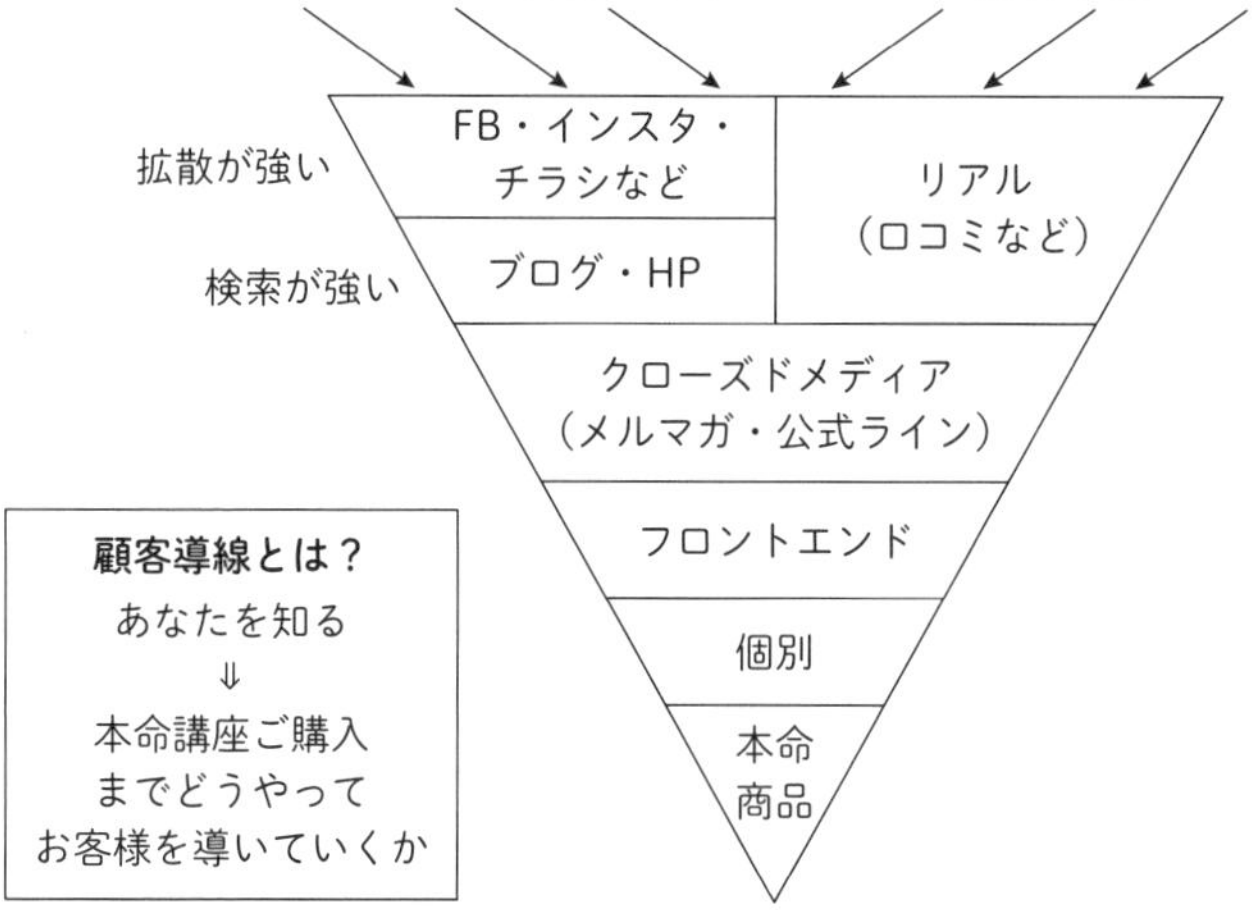

はいけません。つい、「見込み客」だから申し込んでくれるだろうと考えてせっついてしまう人が多いのですが、売り込みばかりしてしまうと、登録解除されてしまうかブロックされてしまいます。

それならクローズドメディアでは何を発信すればよいのかというと、「これから客」を「今すぐ客」にステップアップするためのコンテンツを発信していきます。マーケティング用語ではリードナーチャリングと呼び、顧客を育成することを示します。

すると、最初は「これから客」だった人たちが「今すぐ客」に変わって、講座や教室の予約開始をスマホを握りしめて待ってくれている状態になります。

それではそのコンテンツの中身は何か、といいますと、これはひたすら与えることになります。「これから客」にとって有益な情報をひたすら与えていきます。

人は誰かに何かを与えられると、お返しをしたいと思う「返報性の法則」があります。「メールマガジンなどで教えて頂いたことを私なりにやってみましたがどうでしょうか？」とか「私もやってみたいと思うようになりました！」と伝えたくなってくるのです。

有益な内容だからこそ、読者さんがその内容をやってみるようになってくださいます。しかし、発信は一方通行ですから、「やってみたけど、これであっているのかな？」「私の場合はどうなんだろう」とどんどん発信者のことも、コンテンツの内容も興味を持つようになります。つまり発信者の方とお話をしたくなってきたら大成功です。そのような読者さんたちが「今すぐ客」となって申し込んでくれるようになってくるのです。

このとき、とにかく与えなさいと言われても「与えすぎては肝心の講座や教室に来てくれなくなる」と心配される方がいます。

しかし、コンテンツは出しおしみしてはいけません。どんどん与え続けます。全て与えても構いません。そもそも文章だけを読んで自分で問題を解決できるような人たちは、お客様にはならないのです。自分なりにやってみたけれどもうまくいかない人、今ひとつ自信を持てない人たちがお客様になります。しかも、あなたのファンでなければリピーターとして長いお付き合いはできません。クローズドメディアでの発信は、大好きだと言える、両思いのお客様だけが来てくださるようにするためのものです。

より詳しいお話をしますと、私の場合はメールマガジンを利用しています。ここで書いていく内容は最初の21記事まで（あくまで私の場合です）は、お役立ち記事をメインに書いています。

理由は、まずは読者さんにとって有益な情報を教えてくれる人になるためです。言い方を変えると「いい人ポジション」を取ることを意識しています。ここまで教えてくれる人なんだ！　そう思っていただけるように精一杯、お伝えします。その中で、ただ情報をくれるいい人で終わってはいけません。

その文章の中で「私」を好きになっていただけるように、人柄や思いも併せて書いていきます。

そのような記事を全部で200記事用意してありますが、22記事め以降はプライベートなことや開催報告などフランクなタッチで書いています。なぜなら、この段階まで読んできた人は、既に私のファンになっていますので、どんな内容でも興味を持ってくれる段階にあるためです。私の受講生さんたちには、最低60記事は用意するようにお話ししています。

クローズドメディアで発信する記事の内容はInstagramやブログとかぶっても構いません。むしろ敢えてかぶらせておき、「さらに踏み込んだお話をメールマガジンではお伝えしています」と記しておくことで、メールマガジンの登録へ誘導しています。

ここから少しぶっちゃけたお話をしますね。このクローズドメディアであるメールマガジンや公式ラインに登録いただくこと、そして読んでいただき続けるにはライティング力が必須になるのです。登録用のプレゼントを用意して登録をいただいても、そこから送られてくる記事が面白くなかったり、他の方と同じようなことを発信していると、これだけ同業者がいる起業の世界です。解除やブロックをすぐされてしまいます。

クローズドメディアの運用をしっかり行うため、私は受講生さんたちにはブログやインスタなどのオープンメディアから有料のフロントエンドにお申し込みを新規の方から当たり前にお申し込みをいただけるレベルになってから運用しましょう、と伝えています。

「教えること」が仕事になるビジネスは目に見えない無形のものに申し込みをいただくことなのです。

目に見えないものに、どれだけ【価値】を乗せていけるのか。これがライティングの力です。今はＹｏｕＴｕｂｅやＴｉｋＴｏｋといった動画媒体もたくさん出ていますが、この動画を取っていくのも、言語化する力が必要になります。目に見えないものを、言葉にして伝えていく力をつけていきましょう。

第 2 章

お客様へのラブレター
ビジネスは結婚と一緒

私は顧客導線の流れをいつも結婚に至る経緯に喩えてお話ししています。つまり、本命商品を購入してくださるお客様との出会いは結婚に至るまでのプロセスに似ているのです。

ここからの喩えは私が夫と出会って結婚するまでの実際の経緯に基づいた話で恐縮ですが――。お付き合いいただけたら嬉しいです。

私と夫は大学で知り合いました。夫がハンドボール部の部員で私は同部のマネージャーでした。なんだか青春ドラマでありそうな設定ですね。

そしてあるとき、彼から「ねえねえ、メアド交換しない?」と言われます。時代を感じさせてしまいますが、メアドとはメールアドレスのことですね。今ならＬＩＮＥですよね。でも当時はＬＩＮＥがありませんでした。

普段の彼は、真面目にプレーをしている学生でしたので メアドの交換ならぜひ、と思い「いいよ」と答えました。

ここからクローズドメディアの始まりですね。何度かメールをやりとりしているうちに、だんだん打ち解けてきました。すると彼は、「みんなでご飯を食べに行こうよ」と誘ってくれました。一対一だと構えてしまいますが、みんなで行くならいいかな、と一緒に行きました。まずは「実際に会ってみること」これが、フロントエンドですよね。

そして1年間ほどフロントエンドのお付き合いをした後、(映画にいったり、ランチしたりしていました) ある日呼び出されます。

「ねえ、付き合わない？」と言われ、いよいよお付き合いがスタートしました。

ここが「個別」の段階ですね。

そしてお互いのオーディションである「個別」が始まって約5年後、ディズニーシーで彼からプロポーズされてゴールインしました。

私事の話にお付き合いくださりありがとうございました。
こんな風に段階を経ながら結婚するのと同じように
SNSから知っていただいた読者に本命商品のお客様になっていただくには、段階を経て信頼関係を醸成していく必要があります。そのために、あの逆三角形の顧客導線を辿る必要がありますので、ぜひこの流れを作っていっていただけると嬉しいです。

お客様へのラブレターは5種類

講座や教室に女性のお客様が申し込むようになるためには、お客様が講師に対する親近感と共感、憧れを持っていただかなければなりません。この親近感と共感、憧れを与えるために必要になるのが、「5つのラブレター」です。

「5つのラブレター」とは、次のとおりです。

告知記事

あなたの講座やレッスンのことが全て分かり、お申し込みをいただくために必要な記事。

開催報告

講座や教室が賑わっていることや受講することでどんな変化があるのかを伝えることで、未来のお客様の背中を押す記事。

お役立ち記事

自分が持っている専門的な知識をターゲットに分かりやすく伝える記事。
有益な情報を提供することで、他の記事も読んでもらえるので、何の専門家がお客様にわかる記事になります。

実績記事（ブランディング）
あなたが多くの人から支持されて人気があることを印象づける記事。

プライベート記事
あなたの人柄を知り、親近感を持っていただける記事。

私はこの5つのラブレターをブログでも、インスタグラムでもメルマガでも書いています。

告知文ってなに?

フロントエンド商品にお申し込みをいただくために日々の発信をしている場合絶対的に必要になるのが告知文です。

なぜなら、申し込みをいただくためには、フロントエンド商品の価値がわかる告知文（LP）が絶対に必要になるからです。なぜなら大切な時間とお金をかけてでも受ける価値があるのかをしっかり見極めてからお申し込みをくださるからです。

しかし、告知文だけあればお申し込みをいただけるほど甘い世界ではありません。

お申し込みをいただくための発信の全体像

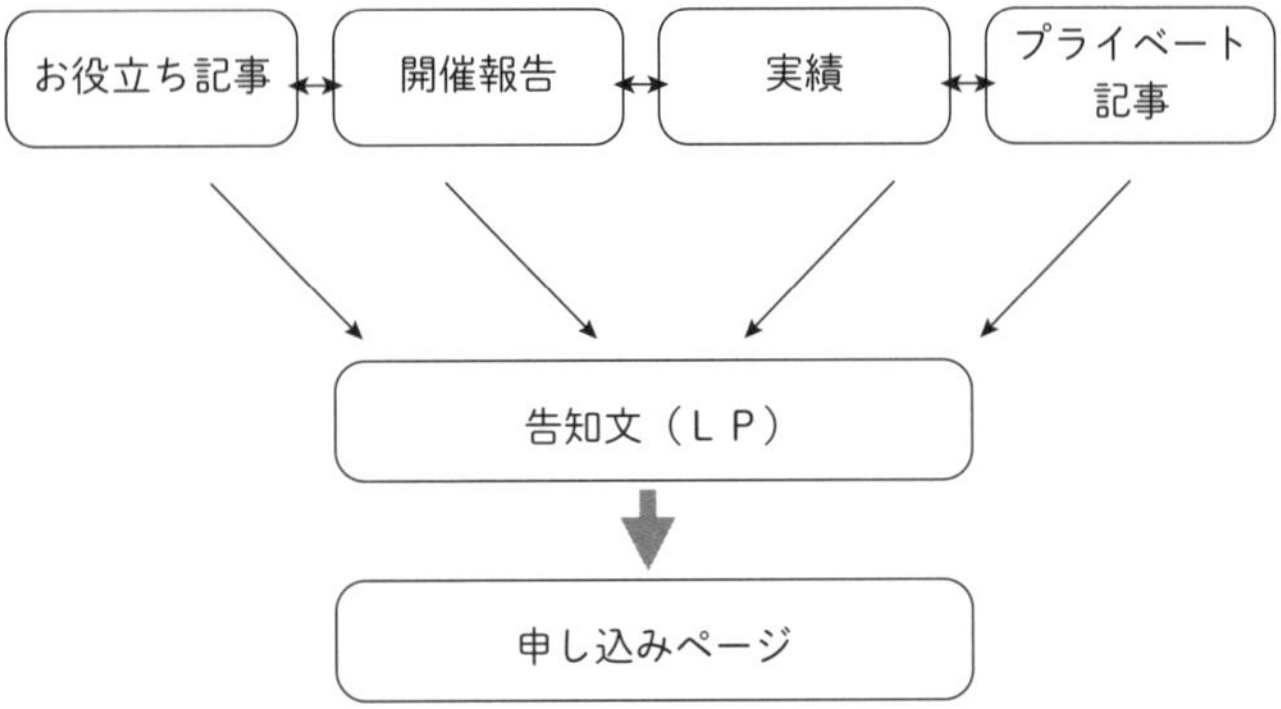

告知文は最後、読者さんに「この講座いかがですか？」とご提案するものになるので、その告知文に行き着くまでに読者さんとの信頼関係を構築していかなければなりません。

そのために必要になるのが接触回数です。あまりにも有名なためご存じの方も多いとは思いますが、心理学の分野において、単純接触効果（ザイオンス効果）が指摘されています。これは

繰り返し接すると印象や好感度が高まり関心の度合いが高まるという効果です。

つまり、まずは発信を毎日（最低3ヶ月以上をオススメしています）することで、読者さんの目に何か留まり、関心を持ってもらって記事を読んでもらう、というところからスタートします。

発信したからみんな読んでくれている！　というのは残念ながら私たち発信者の願望でしかありません。

やっと読者さんの目に留まり、記事を読んでいただく。これって簡単そうで実は難しいのが現実なのです。

ここからが読者さんとの一期一会がスタートします！

まずタイトルで読むか読まないかを判断されます。タイトルがつまらなかったら、残念ながら読んでもらうスタートラインにも立てないのです。

そして、やっと内容を読み始めてくれても、途中まで読んでよくわからないな……と？マークが頭の中にでた瞬間、読者さんは読むことをやめてしまい、もう二度と戻って来てくれることはないでしょう。

理由は簡単です。
私たちの脳の一番の仕事は「生きること」です。つまり考えながら読む、ということはエネルギーを多く使うので、めんどくさいと判断されてしまうのです。脳を疲れさせないように記事を書くことが実は読んでいただくために大切な要素です。

読者さんに「ファンになってもらう」ために、何度も何度も読んでもらって接触回数を増やしていくことで、だんだんと私たち発信者に興味を持ってくださるようになります。そして、発信者の考え方に共感していただくと、次の段階で講座やレッスンといったフロントエンドに興味を持ってくださるようになり、最終的に告知文を読んでくださるようになります。告知文をしっかりと受けたい気持ちで読んでいただけるようになるまで、私は3ヶ月かかります。これは私たち発信者を信用していただくために必要な期間です。

これらの記事を書く前に、ビジネスの基本を確認しておきます。

ビジネスの基本は、「お客様の問題解決」です。これを絶対に忘れないようにしてくださいね。この視点を見失うと、いくら記事を書いても申し込みはありません。

「申し込みが欲しいから」と書いている記事は、自分のための記事になってしまいます。常に原点に戻り、ビジネスの基本は「お客様の問題解決」であることを意識しながら発信をしていきましょう。


この最初の3ヶ月間から、さらに3ヶ月先まで予約が取れないくらいの満席を作っていくために必要な5つのラブレターの書き方を次章からお伝えしていきますね。

ラブレター① 告知文の書き方

告知文を書くコツは、お申し込みが入らないタイプの告知文の４つの特徴を知り、その３つの問題を改善すればよいです。申し込みが入らないタイプの告知文は

① 開催したレポートのような記事にそのまま次回の日程や時間などの詳細が書かれているタイプ

② 時間や場所、金額などの詳細のみしか書かれていないタイプ

③　他の種類のレッスンや講座を一緒の告知文で書いてしまうタイプ

以上3つです。

せっかく告知文を書いているにも関わらず申し込みが入らない原因で多いのが、講座やレッスンの価値が伝わり切れていないことです。

どういうことかというと

私たち講師サイドは、今回のフロントエンド（講座やレッスン）を受けることで、どんな変化があるのか、どんな風に日常生活が変わっていくのかを知っていますので、頭の中ですぐに想像ができてしまいます。

しかし、お客様は初めてその商品内容に触れる方ばかりです。少なくとも講師よりは経験値は低いはずです。ですので端的に書いてしまうと講師にはわかりやすくても、読者さんには、ぶっちゃけよくわからない、となってしまい価値が伝わらず結果的に申し込みに繋がりません。

そしてポイントなのが「ストーリー」で書いていくことです。

起業・副業全盛の時代ですので、同じコンテンツを扱っている方は必ずいます。それもテーマによっては数え切れないほどいるかもしれません。そうした市場において、コンテンツ（講座やレッスンの内容）で勝負をすると価格が安いところが勝ちます。つまり価格競争に巻き込まれてしまうのでオススメしません。

価格で選ばれるのではなく、読んでいるうちに「私はこの人が好き」と思っていただけるようにストーリーで書いていくことで、申し込みは安定していきます。

では実際に次の項目からそれぞれ部分に分けて書き方を解説していきます。

●Before、After

告知文では、一番目立つ冒頭部分に現状（Before）が、商品購入後（After）はどんな変化があるのかを、読者様に共感してもらいやすく書くことが大切です。

「Before」は読者さんに共感していただくための内容です。つまり「私と一緒の悩みがある」という意味での共感です。

そこから「After」を魅せていくことで、今ある悩みがどのように変わっていくのか。「私もそうなりたい」と思っていただくのです。

たとえば、「Before→After」の良い例として骨子だけを書けば「自分は発信をしようと思っても何を書いて良いか分からなかった↓だけど現在は開催を告知すると1日で100人から申し込みが入るようになった」などという客観的な変化を示すことになります。これが読者へのフックとなります。

このように書くと簡単そうなのですが、実は落とし穴が何個もあるので、その辺りをお伝えさせてくださいね。

この「Before」は私たちサービス提供者がフロントエンド商品をご購入いただきたいと考えているお客様が悩んでいることを、私たちが同じように悩んだ経験として書いていくのがポイントになります。

「こんなお悩みありませんか？」と見ず知らずの人に言われるのと「私はこのような悩みを持っていました」と発信者自らが書くことによって、聞く耳を持ってくれる確率は大きく変わります。

これはコーチングでも使われるIメッセージとYOUメッセージと一緒で

例えば出かける日に忙しい中、食事をつくったのに

パートナーに

「(お前の作る料理は)今日も肉じゃがかよ」と言われたら

私でしたら

「だったら自分で好きなの作ればいいじゃん!」と若干、ケンカ腰になり

そうな感じですが(笑)

「(僕は)肉じゃがも好きだけど、次はカレーが食べたいな」といってもら

えたら、すんなり次回の料理はカレーにすると思います。

つまりIメッセージで悩みを書くことで、読み進めていただくフックを

作っているのです。

そのため自分の体験談を書くのですが、お客様にとっては必要のない独りよがりの思いまでたくさん書いてしまうという落とし穴があります。

ここまでたくさんのことを悩み苦労されたからこそ、その苦労が解消されたことを伝えたい気持ちでいっぱいなのもよくわかります。もちろん、たまたま同じ境遇で共感する人がいるかもしれませんが、多くの読者は投稿者と同じ状況にあるとは限りませんし、その苦労は読者が感情を移入する余地がない単なる重たいエピソードになってしまう場合があります。

このような主観的な内容を書いてしまう人はひたすら「Before」に文字数を割いてしまい（つまりいかに苦労したかを語りたがってしまい）、読者が求めている客観的な「After」が薄くなってしまうのです。

そこで「Before」を重苦しくしない書き方のコツは何かと言うと、お客様との共通点を打ち出すことです。自分が想定したお客様の悩みと自分の悩みがシンクロしていることを示すエピソードを一つだけ持ってきます。つい、自分の苦労話になると、ここぞとばかりにあれもこれも書きたくなってしまうのですが、そこは冷静に、そして読者の立場で知りたいことは何だろうかと考えます。

そして「After」には、読者がなりたいと思えるあなたの姿を書き、メリットで終わらせずベネフィットまで書いてください。

たとえば「1日で100人の申し込みが入るようになった」はメリットです。

さらにここで終わらせずに、

そのベネフィットによってどんな日常生活を送れるようになったのかを書いていきます

例えば

「1日で100人の申し込みが入るようになった結果、子供たちが小学校から帰って来る時間には仕事を終えて、一緒に買い物に行ったりおやつを食べたりと子供との時間を大切にする働き方ができるようになりました」などと日常生活の変化まで書いていくことで

読者は自分の身にどんな変化が期待できるのか明確になってきます。

●商品の簡単な内容

次に、「商品の簡単な内容」を書きます。

この商品の内容がない告知文やその説明が非常に簡素な告知文を星の数ほど添削をしてきました。

このフロントエンド（講座やレッスン）の内容を「こんなことが学べるんだな！」と読者さんに価値を伝える絶好の機会です。大切な時間とお金をか

ける価値があるかどうかを見られていますので、ここは「何が手に入るのか」を言葉で価値を伝えていくのが大切です。

ここでは商品によって何ができるようになるのか、講座や教室では実際何が行われているのかがイメージできる程度に書きます。あまり詳細に書く必要はありません。言葉だけで伝えようとせずに、実際の商品やレッスンの光景の写真を掲載するのも効果的です。

特に、この商品や講座で何を手に入れることができるのかを分かりやすく書きます。分かりやすくするために、見出しを見ただけでもある程度想像がつくように書きます。

講座の内容を書く際の注意点としては、時系列で書かないことです。私の個人的な印象ですが、書き慣れていない人ほど文章を時系列で書きたがる傾向があります。まず自己紹介があって、次に○○をして、次に○○をして、最後にお茶を飲みながら歓談します、といった感じです。まるで日記ですよね。

このような書き方では、読者は何を得られるのかを端的に把握できません。そこで講座の内容を書く際には、何を教えているのかを項目で書いていくことです。教えている項目を見出しにして、本文に説明を入れます。たとえば見出しには、「売り上げの運命を決める！ ㊙告知文 作成術」、「読者さんの心をつかむプロのブログの作り方」、「『私の魅力』を文章にするブランディング術」などと書き、それぞれに簡単な説明を添えます。この書き方であれば、読者はすぐに講座の内容を把握し、何を得られるのかを理解します。

無形の「教える」ことを言葉で価値を作っていただけたら嬉しいです。

●お客様の声

次に「お客様の声」を書きます。

理由は、読者さんの一番近い自分の未来の姿が、今までにきたお客様だからです。つまり自分自身に投影しながら受講後のイメージができるのでぜひ載せていきましょう。

お客様の声では、講座やレッスンを受けて、どんな風に変われたのかを、お客様自らの声として紹介します。

ここで、オンラインのウェビナーではなく、実際に会場に集まって講座やレッスンを行っている人は、お客様がどこから来たのかも記載してくださ い。そのことで、「そんな遠くからも来ているんだったら、他のセミナーよりも価値が高そう」と思っていただけます。

また、リアルでもオンラインでも、参加者の年代や職業（できれば職種や役職なども）などの属性も明らかにしておきます。そうすることで、「私よりも年上の人も参加しているんだ」とか「ええ、営業職の人も参加しているんだ」、あるいは「会社の社長さんとかも来ているの？」と参加者の幅が広いことを示すことができます。

特に女性の場合は、「みんなと一緒」が安心します。自分と似たような属性の人が参加していると安心できるので、来ていただきたい理想のお客様に必要な属性をお客様の声とともに載せていきましょう。

しかし、まだお客様がいない人はどうすれば良いのでしょうか。

その場合、身内や知人などに参加してもらって、感想を聞くのがいいでしょう。あるいは、お客様の声を集めている段階なので無料でいいですよ、とモニターを募ってもいいでしょう。無料で参加したモニターさんの声であってもお客様の声としてもちろん記載できますので、どんどんお声を集めていくと良いですね。

そして実際に有料のお客様が来るようになったら、最初にお越しいただいた時の感想だけでなく、リピーターとして参加していただいたお客様からどのような変化があったのかも聞いて「お客様の声」として掲載するようにしましょう。

また、「とても有意義だったのですぐに次の予約もしちゃいました！」という声を掲載するのも集客に効果的です。

また「○○先生とは初対面なのに、安心してたくさんお話を聞いてもらいました」などと私自身に対するお声も、自分で自分のことを「いい人」というと角が立ちますが、お客様のお声で伝えることで自然と自分の価値を伝えることができます。

そして、お客様の声を掲載したら、お客様のお声にあなたのコメントも添えましょう。「他にも載せきれないくらい嬉しい感想を頂いています。本当にありがとうございます！」などの一言を添えます。つまり、お客様からのフィードバックをきちんと受け止めていること、一人一人を大切にする先生の人柄も魅せることができます。

感想を書いてくださったお客様に感謝の気持ち書くことも忘れないでくださいね。

●自分の実績

次に「自分の実績」を書きます。

この実績を書くのが苦手な女性起業家をたくさん見てきました。

理由は「自慢に見える」からとよく相談を受けてきました。

この告知文の目的はフロントエンド商品にお申し込みをいただくことです。

ここには「憧れ」は必須です。私も変わりたい！　先生みたいになりたい！　先生から学んでみたい！　そう思っていただけるようにしっかり実績は魅せていきましょう。

そのため、実績はできるだけ客観的な数字で示します。たとえば「私はヨガのインストラクターとして活動してきた7年間で、約1200人の人を指導してきました」という具合です。

しかし、まだ実績を出せない最初の頃はどうすればいいのでしょうか。

この場合は、起業する前の仕事での実績を活用します。

たとえば私の場合は、ベビーマッサージのインストラクターとして起業する以前には、4年間ほど看護師をしていました。その間に、約4000人の人たちと出会ってきました。このこと自体は、直接ベビーマッサージの実績にはなりませんが、「4000人もの人たちと接してきた先生であれば、相手の疑問点や不安を思いやり、適切な助言を与えてくれそうだ」と思ってもらえるのです。

ですから、前職が起業したビジネスの内容と直接関係なくても、あなたがこれまで生きてきた中での実績ではありますから、堂々と示すことができます。仕事をしていなかったのであれば、学生時代の部活動やボランティア活動、留学経験などでもいいのです。これまで経験してきたことは全て資産だと思うようにしてみてはいかがでしょうか。

また、実際にお客様が付いてからの実績も、講座や教室で指導した延べ人数で示せば良いのです。たとえば15人の受講生さんたちに合計8回の指導を行ったのであれば、たとえそのうちの10人はリピーターさんだったとしても、これまで延べ120人に指導してきました、と書けます。実際、120人分の指導をしてきたことに間違いありません。

屁理屈と言われればそうなのですが、使える武器はぜひ使い倒してください。

「魅せ方」を磨いていくことは、ビジネスの世界では絶対に必要な力ですよ。また、実績を出すことに躊躇している人の中には、同業者の実績に比較して見劣りがするので恥ずかしい、と思っている人も多くいます。

確かに気になりますし、比較してしまいますよね。しかし、お客様は皆さんが思っているほど同業者同士の実績を比較していません。むしろ、「この先生いい感じだな。えーと、実績は、ああ、まだ1年目なのにもう30人教えているんだ」といった具合に、ファンになっている読者にとっては、同業者との比較ではなく、自分が気に入っている先生がちゃんと実績を示しているかが重要です。

また、数字の見せ方としても、同業者ではないところと比較して多く見せる手法もあります。たとえば、「現在約40名以上の方が講座に参加してくださっています。うちの子が通っている幼稚園の1クラスは20人であることを考えると倍以上ですね。本当に感謝しかありません！」と書くと印象が変わってきますよね。

つまり、あなたの読者さんにとって安心できる実績を示せれば良いのです。同業者と比較する必要はありません。

実績は、何よりも申し込もうとされている方への安心材料になります。ところが、自慢話になってしまいそうで書けない、という人もいます。実績は、自慢話ではなく、お客様の背中を押すための安心材料として必要ですので、必ず書いてくださいね。

●こんな方にオススメ

次に「こんな方にオススメ」を書きます。

起業したての頃は、みなさん早く集客実績を作りたいために、「誰でも来てね！」というような集客をしてしまいます。このような書き方をしてしまうと、誰にも刺さらないので、かえって誰も来てくれなくなります。

また、同じように「どんな人でも歓迎です！」的なアプローチをしてしまうと、依存性の高い人ややる気がない人、あるいはクレーマー系の人などまで呼び集めてしまうことになります。

このような人たちが集まってしまうと、講座やレッスンの合間も私語が多かったり、なんでもかんでもしてもらえると依存してくるので、対応することができなくなってしまいます。そして些細なことでも対応できなくなると、「がっかりした」とか「よく分からなかった」、「ついていけなかった」、「思っていたのと違った」などといった言いがかりのようなクレームを出される可能性があるのです。

その結果、講座や教室全体の雰囲気も悪くなってしまい、他の受講生さんたちがやる気をなくしてしまいます。

このような依存性の高い人を避けて、前向きなお客様だけを集めるためには、きちんと理想のお客様を思い出して、「こんな方にオススメです」、や「こんな方に来てほしい講座です」と来てほしいお客様を絞り込むような書き方をします。たとえば次のような書き方をします。これはヨガ教室での例です。

「子供に対して笑顔で向き合えて、周りのママさんと比べず、逆に一歩も二歩も先行く私でいたい、姿勢も綺麗に整えて産後の私も好きになろうって、そんな輝きオーラを発する私になれたら子供も旦那さんもみんなハッピー！　そんな頑張りたいママさんを私も全力で応援します！」

いかがですか？

このように「私はポジティブな人を応援したいんです」と明言することで、ネガティブな人や依存性の高い人たちは、申し込めなくなります。

ぜひ、どんな方に来ていただきたいのかを言語化してみてくださいね。

●講座の詳細　申し込みのリンク

次に「講座の詳細　申し込みのリンク」を書きます。

ここは明確な行動指示を記載するところですので、申し込もうとしている人が迷わないようにします。

たとえば自分は今月のことを書いているのだからと「5日のレッスンにお申し込みの方は」などと書いている人が多く見られますが、これでは読者が迷います。かならず「8月5日（月）のレッスン」と月や曜日も明記しましょう。端折ってはいけません。

また、「14：00〜」とだけ書かれていて終わりの時刻が書かれていないと、いったい何時間やるのだろう、子供のお迎えには間に合うのかしら、などと不安にさせてしまいます。ここも「14：00〜15：30」などのように、終了時刻を明記します。

そして満席の実績も必ず書きます。

満席の実績を書くことで、「いつでも申し込めるから」と後回しにされないようにしているのです。

そこで最初の頃は簡単には満席になりませんので、満席になりやすい定員で始めましょう。極端な話、定員を1人にしておけば、1人から申し込まれた瞬間に満席となります。まだ集客に自信がない時は定員を書く必要はありません。

さらに、申し込み者が一瞬でも躊躇しないように、必要な情報を書いておきます。たとえば駐車場は何台分あるのか、近くにコインパーキングがあるのか、持ち物は何が必要か、どのような服装がいいのかなどです。

そして講座の詳細と申し込みフォームへのリンクを貼ります。

●余韻

告知文の最後には必ず余韻を残す文章を入れます。

申し込みボタンで終わり、となると、売り込まれている感の印象でこの告知文が終わってしまいます。

申し込んでくださる人以上に、申し込まなかった人の方が多いのが現実です。

その申し込みをしなかった方が、また違うタイミングで「来たいな」と思っていただけるような終わり方がベストです。

ここで注意してほしいのは、余韻でも売り込み感を出してしまう人が多いことです。たとえば、「私も子供がいて悩んでました、だからみんなぜひ私のこのレッスンに来てくださいね！」などと最後の一押しをしてしまうのです。これでは売り込み感を和らげることができません。

余韻では、セールスをたたみ込むのではなく、自分がどんな人を増やしていきたいのか、どんな思いで活動しているのかなどのメッセージを残します。

たとえば、「子育てのあれこれも相談できる。私にとって貴重な時間になっています！　誰かに話すだけでも心が救われることが何度もありました。だから、何でも話せる環境作りも大切にしています。お役に立てたら嬉しいです。」などのように書きます。

　また余韻は簡潔にしましょう。余韻はスマートフォンで見たときに、長くても3スクロール程度で終わる分量にしてください。あまりスクロールさせすぎると、申し込みボタンに戻るのが大変になってしまいます。

　余韻の内容は申し込みが入って、売り上げをあげることもビジネスでは大切ですが、それ以上に「私を通してどんな人を増やしていきたいか」そんなミッションを持って起業をされている方が多いと思います。人が心を動かされるのは「想い」です。ぜひ大切にしている想いを余韻でも書いてみてくださいね。

ラブレター② 開催報告の書き方

開催報告は「5つのラブレター」の中で最も読者を告知文へ移行させることができる記事です。そのため、開催報告をどれだけたくさん書けるかによって、集客力が変わってきます。

なぜなら「開催できている」ことは素晴らしい実績だからです。最初のころは、申し込みが入らなくて、開催することをそっとなくす、という方も実は多いです。

もちろん私にも経験があります。ですので開催できることは本当に素晴らしいので、必ず開催したら記事を書くようにしましょう。また今回来てくださったお客様のリピート率をあげることもできます。それほど重要な記事ですので、しっかりと書いていきましょう。

●1回の開催から複数の開催報告を書く

開催報告が頻繁に書かれていれば、それだけでその講座や教室は人気があるのだな、という印象を持たれます。そのため、開催報告は1回の開催に対して1記事である必要はありません。むしろ1回の開催についてできるだけたくさんの記事を書きます。同じ事を書くのではなく、毎回切り口を変えるのです。1記事1メッセージに絞れば、わりと簡単に書けますよ。

たとえばある日のベビーマッサージの教室を開催したことについてなら、今回のレッスンの目的で1記事、ママさんたちがリラックスできていたかで1記事、お子さん達の様子はどうだったかで1記事などと書き分けることができます。

このように開催記事の数を増やしていけばいくほど、賑やか感、盛況感が出ます。

ですから、1ヶ月に1回しか開催していないから開催記事の投稿が月に1回になってしまいます、ということはなくなりますよね。

また、ずいぶん前に開催したレッスンについてでも、「先日のレッスンでは」と書けば開催した事実があるのですから何記事でも書くことができます。

このように、私は駆け出しの頃1回の開催でもできるだけ記事を書いていきたかったので、写真がたくさん必要でした。1回のレッスン中に上着を取り替えたり髪型を変えたり、あるいはアクセサリーを取り替えたりして写真を撮っていました。違う日に開催されている印象を持ってもらいたかったからです。今でこそ毎月たくさんの講座を開いているので写真も余るほどありますが、駆け出しの頃はそんな風にして工夫していたのです。そう考えると、決まったユニフォームがある人は楽だと思います。いつも同じ服でも違和感がありませんから。

特に女性に閲覧されるSNSでは、外観も手を抜かないようにしましょう。ちらかったオモチャなど生活感丸出しだと、憧れを出すことができません。

本書を読まれている女性の読者さんなら分かっていただけると思いますが、ブログの写真であっても女性は、しっかり見ていますので、この辺りもぜひ意識してみてくださいね。

●過剰な文字の装飾は避ける

また、これは開催報告に限りませんが、ブログに投稿する際に文字の過剰な装飾はやめましょう。たくさんの文字色を使っていたり、頻繁に文字サイズが変わったりすると安っぽくなってしまいますし読みづらくなります。

同様に動く絵文字やマークも使わないようにしましょう。チカチカしてそこばかりが気になりますし、本命講座（高額商品）を提供していく場合、憧れが必要となるので使う装飾にも意識してみてください。

特にブログ初心者の方は、文字の装飾機能に興奮してあれもこれも使ってみたい、となります。そのようなカラフルなブログを「レインボーブログ」と私は呼んでいて、避けるべきとしています。

もし、文字の色分けをするなら、3色以内として、使い分けにも規則性を持たせてください。気ままに色を変えるのではなく、ポジティブな強調には赤系、ネガティブな話には青系、ベースは黒などです。規則性があれば、読者の理解を助けることになります。

●初めて読む人を意識する

発信は常に「はじめまして」の読者さんへのラブレターとなりますので、初めて読んだ人でも分かるように書きましょう。

気をつけなければならないのは、開催報告の読者には、新規の読者と普段読んでくださっている読者さん、参加してくれたお客様の3種類の読者がいることです。

このとき、開催報告で「和気藹々」感を出そうとして、つい参加した人向けに親しみを込めて書いてしまうと、単なる内輪ネタになってしまい、初めて読んだ人にとっては疎外感や場合によっては不快感を与えてしまいます。

つまり、開催報告には参加してくれた方々へのリピートを促す役割と、初めて読んだ人たちに講座や教室の内容や雰囲気を知っていただく役割の2つが兼ね備わっていなければならないのです。

私の失敗談ですが、この開催報告で完全なる内輪ネタで書いてしまっている時の私の集客人数は月に50名。これほどたくさんの方がベビーマッサージレッスンに来ていただいているのに、新規のお客様は月に2~3名。他は全てリピートで来てくださるお客様でした。

この「初めましての方」にもわかるように意識して発信を変えたことに

よって、新規のお客様のお申し込み人数が3倍以上になりました。リピーターさんで溢れている時に陥りやすい落とし穴になりますので、ぜひ私を反面教師にしてくださいね。

●時系列で書かない

開催報告は切り口を変えることによって、1回の開催から複数の開催報告を書きましょうとお話ししました。しかしこれがなかなかできない人がいます。

そのような人の開催報告を読むと、時系列で書いてしまっているのです。講座や教室の様子を時系列で書いてしまうと、1記事1メッセージにできずに冗長な記事になってしまいます。また1記事で完結してしまい、複数の記事を書けません。

もし、何を書けばいいのか迷ったら、「自分の講座や教室に初めて来る人が持っている不安は何だろう。その不安を取り除くためには何を伝えておけば良いのだろう」と考えてみてください。

すると、「これは伝えておかなければならない」と思えるメッセージが浮かんできます。どんな雰囲気のレッスンなのか、参加者が真剣で熱気があるのか、あるいはリラックスしながら学べるのか、ワイワイガヤガヤとした賑やかさを楽しめるのかなどです。また、子供も参加できるのか、ぐずったときにどんな対応をしてもらえるのかなど、開催報告の切り口はたくさん出てきます。

●読みやすいボリュームとは

開催報告は短すぎると盛況感が出ませんし、長すぎると飽きてしまいます。また、1記事1メッセージですので、そのメッセージが確実に伝わる文字数は必要になります。

それではどれくらいの記事のボリュームが必要なのかというと、スマートフォンで読むときに8スクロール分くらいです。しかも読みやすいように空行を入れますので、1000文字前後を目安にします。

読む時間で言えば、1〜3分で読み終われるボリュームが理想です。ですから、書き終えたら一旦ご自身で読んでみて時間を計ってみましょう。

●タイトルはお客様の声でいい

開催報告で工夫したいのが記事のタイトルです。

よく、「○月○日：○○のレッスン」といったそのままのタイトルを付けてしまう人がいますが、これではあまり読みたいとは思われません。思わず読みたくなるようなタイトルを考えるようにしましょう。

私の場合は参加者の声をそのまま使うことが多くあります。たとえば「なるほど！　がいっぱいで、目から鱗が落ちまくっています！」という声があれば、そのまま使わせていただいています。「ここまで教えちゃっていいんですか!?」などというのも面白いですよね。

参加者の素直な驚きや感想には臨場感があり、「どういうこと？」と思わず気になって読みたくなる表現が多くあります。使わない手はありませんね。

また、タイトルで講座やレッスンの結果を表現しても良いでしょう。「発信してたった15分で申し込みが入りました！」とか「たった3つのマッサージで頑固だった便秘が解消？」などです。お客様のお声は宝です。いただいたお声はメモをしていつでも使えるようにしておくのもオススメです。

●1記事1メッセージで

開催報告を時系列で書いてはいけないというお話をしましたが、どうしても講座や教室の内容をいくつも書きたくなります。やはりせっかく読んでもらうのだから、たくさんのことを伝えたいと欲張ってしまうのです。

しかし、1記事に幾つものメッセージを盛り込んでしまうと、かえって読者にはどれも伝わりません。それどころか、「なんだかたくさんゴチャゴチャ書いてある」と読むのを億劫にさせてしまいます。また、1回の開催から複数の記事を書くことも難しくなってしまいます。

ですから、1記事には1メッセージを心掛けます。

また、専門用語は極力使わないようにしてください。つい、説明が楽だから、あるいは専門家らしさをアピールしたくて専門用語を使ってしまいがちですが、初めての読者には不親切です。

理想は小学5年生のお子さんでもわかるように書くことです。発信を一番読んでいるのって、実は同じ同業者の方だったりするので「こんなこともわからないなんて思われたくない」と難しく書いてしまう方が多いのも事実です。

読んでいただきたいお客様の知識量に合わせて、考えなくてもわかるレベルにしてお伝えすることが大切です。

そして開催報告に参加者の変化を盛り込めればなお効果的です。この変化も、観察して見つけた変化よりも、参加者自らが口にした言葉の方がインパクトがあります。例えばヨガのレッスンであれば、「身体だけでなく、頭の中まですっきりしました！」といった具合です。

●次回のフロントエンドをオススメする

開催報告で、この講座や教室がどれだけ素晴らしいのかについて書いてきたので、その記事での導線（次に読んでいただきたい記事のＵＲＬ）はぜひ次回のフロントエンドなど、来ていただきたい講座やレッスンの告知文のＵＲＬがオススメです。このＵＲＬをクリックしてもらうのが、開催報告では大切になります。

しかし、この最後のＵＲＬをクリックしてもらうところで

「良かったら見てくださいね」といった誘い方で終わっている人が多くいます。

これでは、残念ながらクリックしてもらえません。ここは力強く「来月も開催するので開催予告をチェックしてくださいね！」のように絶対に受けた方がいいよ。こんなに変化があるからね、と言い切れる気持ちで書きましょう。

このとき、実績と現状を前置きに盛り込むと一層読者の心に刺さります。たとえば「ありがたいことに、次回のレッスンはブログで開催告知をする前に既に○名の方から申し込みを頂いており、残り2名様となりました。ぜひチェックしてくださいね」などです。

極端な話、一人でも申し込みが入ったら、「既に申し込みが入り始めています！」と宣言して構いません。事実ですから。

ところで、開催報告から移行させる申し込みの内容には優先順位があります。

最も申し込みを促しやすいのは、同じ講座やレッスンへ繋げる場合です。「同じ講座を次回は○月○日に行いますので来てくださいね」と書くわけです。

2番目に誘導しやすいのが他のフロントエンドです。ここでは全く内容の異なるフロントエンドに誘導してしまうと唐突感がありますので、今回の講座や教室と共通点があり、掛け合わせて学ぶことでより効果的であることを謳います。

3番目は少し難易度が上がって、いよいよ本命講座への申し込みを誘導します。本命講座への誘導は、フロントエンドに当たり前に申し込みが入るようなレベルになったら挑戦してみましょう。

4番目はメールマガジンや公式LINEなどのクローズドメディアへの申し込みへの誘導です。ここはクローズドメディアの準備ができている人でなければ設置できませんが、よりじっくりとロイヤリティの高いファンを育てていきたい人向けになります。

リピート率を上げる「次どうします?」と開催報告

みなさんはドイツの心理学者であるヘルマン・エビングハウスが作成した忘却曲線をご存じでしょうか。「人は忘れたことを記憶し直すのにかかる時間を、20分後なら58%節約できるし1時間後なら44%節約できる。1日後なら34%節約できる」

たとえば10分かけて記憶したことを1日後に記憶し直そうとすると6.6分(6分36秒)かかる(つまり34%節約)が、1時間後に記憶し直そうとすると5.6分（5分36秒）かかる（つまり44％節約）が、20分後に記憶し直すには4.2分（4分12秒）で記憶し直せる（つまり58％節約）できるという意味です。

簡単にいうと人の記憶は失われやすく、間を置かずに復習した方が再記憶しやすいということです。

よく新規のお客様ばかりで、なかなか次回の予約に繋がらない、というご相談をよく受けますので、そのようなお悩みがある場合は、この開催報告が有効になります。


ですから、次回の予約を取るのであれば、講座やレッスンが終わった直後がオススメです。つまり、講座やレッスンが楽しかった、役に立った、お得だったなどという記憶をすぐに思い返してもらえるときに次の予約を取るわけです。あるいは、まだテンションが高い内に予約していただきます。

私がベビーマッサージの講師として教えていたときも、特にリピーターさんには「今日も楽しかったです、ありがとうございました。次はどうしますか？」とレッスンが終わった後、当然の様に尋ねていました。

その時に大体の方に言われてしまう断り文句が

「家に帰らないと予定がわかりません」というもの。そのようなお返事をいただいた場合は

①　すぐにお席が埋まってしまうことをお伝えする
②　今、現在で予約をしたい日程を確認する
③　仮予約をする
④　当日の21時までに特に連絡がなければそのまま自動的に本予約になる

このような方法をお客様にお伝えしていました。

帰宅して予定を確認してから予約します、にしてしまうと結局帰宅すれば

家事やら育児やらで忙しく予約をするつもりはあっても忘れてしまう状況を回避するのにオススメです。

ここでさらに次回の予約を後押しするために大切なのが開催報告を何時に投稿します、と来ていただいたお客様にお伝えすることです。

私の場合、21時に今回の開催報告を投稿する約束をしていました。

講義やレッスンが終わった直後に、参加者の方々にその日の感想を尋ねます。ベビーマッサージでしたら、「今日はどんなところが楽しかったですか？」などと尋ねますし、起業塾であれば「今日はどの部分が特に勉強になったと思いましたか？」などと尋ねます。

そして答えをいただいたら、「それではその部分の復習を兼ねたアドバイスを今日の21時に投稿しますので、ぜひ見てくださいね」と伝えます。

開催報告は、参加した人たちが一番見たい記事です。このとき、講義やレッスンの終了直後に予約してくださった人たちの人数も記載します。「ありがたいことに、ブログで募集する前に既にお申し込みいただき残り2名になりました」などと書くのです。すると自分も早く申し込まなければと思います。

ここで本当に申し込みがあれば、今度は「募集開始後30分で満席になりました。ありがとうございます！」と追加報告します。

この一連の対応で、リピート率が高まると同時に、人気がある感も演出できます。

「あなただから会いたい」を引き出す憧れも発信から魅せることができます。開催報告はただ書くのではなく、リピーターさんを増やしていくのにも有効な書き方です。

ラブレター③　お役立ち記事の書き方

お役立ち記事は、あなたの事やあなたの商品のことを全く知らない人たちが最初に見に来る可能性が高い記事です。なぜならば、何かしら知りたいことや悩みがある方が、「それ知りたいな」と思って読んでいただく記事になります。

自分の講座やレッスンといったコンテンツを書いていくので、発信を始めたばかりの方にも書きやすい記事になります。

発信をする時によく言われる言葉が

【価値提供をすること】

つまり、読者さんにお役に立つコンテンツをしっかりお渡ししていくことが、申し込みにつながるスタートラインです。

ここで残念な落とし穴があるのですが、価値提供をすればいい、と聞くとコンテンツしか書いていない、その業界の教科書のような発信ばかりになってしまうことがあります。

また自分自身が好きなコンテンツであることが多いので、どうしてもその専門家しかわからないような難しい内容になってしまいやすいのです。

つまり同業者の方だけが喜ぶような内容になってしまいます。

まだ、その講座やレッスン（コンテンツ）をよくわかっていない読者さんが、わかるように噛み砕いてお伝えしていくのが大切です。

ポイントは次の４つです。

《Step1》

お伝えしたい内容を1つ決める

1記事　＝　1メッセージ

《Step2》

小学5年生の子供でもわかるように専門用語を極力使わず丁寧に書く

《Step3》

滞在時間が長くなるように次の導線を必ずつける。

読みたくなる枕詞も忘れずに

《Step4》

前半の話に合うような、余韻がついているかこのあたりをいつもお伝えしています。

まずは

ステップ1の通り、1つの記事でお伝えしたい内容を決めます。

例えば私でしたら、

「大好きな受講生さんしか来なくなるライティングの秘密」を今回のお役立ち記事で書くことを決めます。

〈ステップ2〉好きだと思えるお客様しか来ないライティングをするためには、結論として

「来ていただきたいお客様を明確にしていること」が必要であることを伝えるために、例え話や自分自身のエピソードを入れてお伝えするようにしていきます。

今回ですと、彼氏についての話や、来てほしくないお客様を明言するなど

の話を入れています。

〈ステップ3〉ただのお役立ち記事で終わってしまってはもったいないです。接触回数が増えれば増えるほど、読者さんとの親近感が上がるので、関連記事や講座やレッスンなど、次に読者さんに読んでいただきたい記事の導線をつけていきます。

その時にただURLがついているだけでは、クリックしていただけないので、枕詞をしっかり書くことで次も読みたい！　と思っていただけるようにしていきます。

例えば
「刺さりすぎて流血事件です！」と読者さんに言っていただくライティングスキルはこちらでも書いています。

とリンクの前に、ちょっと気になるな、と思っていただけるような一言（枕詞）を入れることで、興味を引きます。この枕詞を使いこなせるようになると、アクセス数も伸びますし、何記事も読んでいただけるようになることで、ただの読者さんからファンに変わってくださいます。

〈ステップ4〉最後の余韻ですが、ステップ3で終わってしまうとリンクで終わってしまうので、売り込み感が出てしまいます。まずは信頼関係を築いていくのが発信ですので、「読んでよかった」「この人の発信はいいな」と思っていただくためには、この余韻が必須になります。前半に書いていた内容から余韻を書くことで、前半と最後で同じエピソードで終わるので、読みやすい文章になります。また最後に自分の想いを書いて、人柄を伝えることもできます。

今の時代、情報は調べればいくらでも無料で手に入る時代になりました。だからこそ、ただの情報、コンテンツで終わらず「人柄」を合わせて魅せていくことで、ただの良い人で終わらず「先生だから会いに来ました」と人で選ばれるようになります。

ラブレター④　実績記事の書き方

実績記事はこれまでの実績を示す記事ですが、これもまた共感や親近感、憧れを持ってもらえることを意識して作成します。

ところで「実績記事を書けない」という人が多くいます。その理由は次の3つです。

● 自慢に思われたらどうしよう
● 私よりも凄い人がたくさんいる

● 私なんかが書いていいのかな

このような理由で実績記事を書くことに抵抗を感じる方が多いです。

この実績記事は「私すごいでしょ！」と自慢をするための記事ではなく、読者さんたちに「安心してお越しくださいね」というメッセージを込めて書くものです。なぜならば、お客様たちは大切な時間とお金をかけて私たち講師に会いに来てくださいます。その金額と時間をかけても「価値があるな」と安心してお越しいただけるようにするための実績になりますので

ぜひ、自分自身を魅せていきましょう。

実績記事を書くときは、必ずタイトルの中で実績を示します。「満席」や「増席」の文字が書かれていると人気があるという印象を与えられます。

この「満席」や「増席」を本文で書く人が多いのですが、記事まで読まれない可能性もありますので、タイトルに入れましょう。

「満席」を書くのが、一番最初にできる実績になります。しかし、ここで必ず質問をいただくのが

「まだまだお客様が少なくて、満席と書くことができません」というもの。その際にお伝えしているのがレッスンや講座の定員を見直すことです。同業者が行っている定員の人数を参考に、同じように定員にしてしまうと、この満席を書くことができません。

まずは今の自分は、1回のフロントエンドで何名の方にお越しいただけるのかを考える必要があります。

例えば、周りの同業者が1回の定員を4名で行っていても、今の自分だったら2名ならお申し込みをいただける、と思うならば、定員を2名に設定します。本当は4名ほしいなと思う場合でも、今の自分自身の集客力を客観的に見て定員を決めていきます。

なぜなら、最初から4名募集として、2名からお申し込みが入り「残2名」

とずっと書いておくのと、
定員を2名にして、2名からお申し込みが入り「満席」そして「満席→増席2名」と書くと、申し込み状況は同じでも受け取る読者さんの印象は全然変わってきます！

どちらも2名からお申し込みが入っている状況ですので言葉でしっかり魅せていくことはとても大切です。

以上をふまえて、実績記事を書くときの4つのステップをお伝えします。

《Step1》
伝えたい実績を明確にする

「満席」になったことを魅せること以外にも

数字で実績を魅せることも大切です。
・2年間で1080人の方が受講
・20万円の講座に3名お申し込み
・5名中4名が申し込みくださいました
・200キロ離れた◯◯県からもお申し込みいただきました！
・1週間で満席になりました！

などなど申し込み状況と数字を入れることで、グッと人気講師の印象を出すことができます。

他にも実績記事で大切なのが
読者さんが一番求めている結果を魅せていくことです。

妊活の講座なら、妊娠すること

子育て講座なら、子育てが楽しくなること
運動系の講座なら、痩せることや姿勢がよくなること
などなど、業種によって読者さんが得たい結果は変わってきます。

その結果を数字で表してみたり
お客様の声をそのまま使ったり
その実績記事で書きたい実績を数字やお客様の声を1つ決めていきます
（1記事＝1メッセージ）

自分自身のことって、当たり前になってしまい実績が私にはないかも……
と思う方も多いですが、このように今できているところに目を向けて見ると
実績が見えて来ますので、ぜひ今までの自分自身を花丸しながら見つけていただけたら嬉しいです！

《Step2》

その実績の根拠を明示する。

根拠といっても、読者さんに納得感があれば大丈夫です。

①　お客様の声で明示する
②　自分の経験
③　根拠（知識、スキル）で説明

などのエピソードを使い、なぜその実績を出すことができたのかを説明する内容を入れていきます。

《Step3》

自分の想いを書く

ここが自慢になるか、憧れを引き出すかの分かれ目になります。実績がある時は、必ずお客様がお申し込みをくださったことや、受講生さんたちが頑張って結果を出した軌跡があります。自分1人の手柄にはせず、このような結果を出せたことの感謝の気持ちをしっかり書いていくのが大切です。

特にお客様の声で根拠を魅せた場合は、その声をくださった方への感謝の言葉や結果を出したことへの頑張りを認める言葉を入れていきましょう。

《Step4》

次につなげたい講座やメニューのURLをつける。

この実績記事は「憧れ」を魅せる記事になります。ここにもしっかり実績を入れて、クリックを誘導していくことが大切です。

クリックしやすい枕詞は以下3つです。

① 今回の実績を再度、枕詞に入れる
② 数字を入れる
③ お客様の声を入れる

《Step4》余韻をつける

どの記事でも余韻はつけますが、実績記事はこの余韻を忘れてしまうと自慢に見えてしまいます。ここでのポイントは想いを書いていくことです。どんな想いを込めて講座やレッスンをしているのか。お客様にどんな未来を渡していきたいのか。この辺りをしっかり書くことで人柄がわかり「憧れ」へと導いてくれます。

（参考記事　申し込みがいただける確率100％‼
1日に二人から1000万報告を受ける…こんな日が来るなんて！）

ラブレター⑤　プライベート記事の書き方

プライベート記事は、あなたの日常の私生活などを書く記事です。専門家や講師、トレーナー、コンサルタントなどとして活躍するあなたは、ともすると読者からは雲の上の人、自分とは関わりのない人になってしまい、親近感や共感、憧れを抱きにくい存在になってしまいます。

そこで、日常生活を垣間見せることで、読者の皆さんと同じような一面を魅せていきます。例えばスーパーで買い物をし、同じように夫との関係や子育てで苦労しているのですよ、という一面をみせます。

プライベート記事とはいってもビジネスに繋ぐための記事で、ブランディングを担いますので、書き方にも鉄則があります。

基本的にビジネスの発信での黄金の比率は
ビジネス：プライベート＝４：１

それくらい私たち講師のバックグラウンドを魅せていくことも大切です。

ただのプライベートで終わらせず
親近感、共感、憧れを持っていただくために
ライティング技術をつけていきましょう！

1記事にプライベートを1つ書き、なぜ、その話題を書きたいと思ったのかを書くことです。

そして自分が今のビジネスを行うことで、どんな日常生活を手に入れるこ

とができたのかを示します。ここは憧れを持っていただくところです。つまり、ビジネスを行うことで収入が増えたことや収入が増えたことでできるようになったことを伝えます。

ここは思いのほかライティングスキルが求められます。嫌みにならないように豊かさを垣間見せなければなりません。同時に、親近感や共感も得られなければなりません。

例えば私の場合は、読者から「この人はこんなにビジネスで成功していて、子育てはどうなっているのかしら？」と質問されることがよくあります。そもそも家族との時間を大切にするためにビジネスをやっているのに、子育てはそっちのけでお金儲けに邁進している印象を持たれてはマイナスですよね。

そこで私の場合は、子供や夫との時間を大切にしている様子が分かるようなプライベート記事も書きます。あるいは、ママ友とのお付き合いだってちゃんと楽しんでいますよ、ということを垣間見せています。

ただ、そのような日常の一コマの中にも、ファミリーレストランで以前なら最も お得なランチメニューを選んでいたのが、今では値段を気にせずに食べたいものを注文できるようになっているとか、子供がデザートを食べたがったら、以前は家に帰れば箱で買ったアイスがあるでしょ、とたしなめていたのが、今では好きなものを選びなさい、と笑顔で応えることができています、といったように、さりげなく豊かになった変化を示す様にしています。

また、服はいつもイオンで買っていて、子供と滑り台で遊んでも汚れや傷みを気にしないで済む服ばかりを選んでいますが、「今日は服に20万円も掛けてしまいました！」とキャッチーな話題を提供することもあります。

このときは、たまには私生活でも自己投資しないといけないのは、ビジネスといっしょですよね、というオチにすることでビジネスに結びつけています。

つまり、プライベート記事のテクニカルな所は、一般の生活者であり主婦であり、ママであるという読者との共通点を伝えつつ、読者が「私もそんな風になってみたい」と憧れるような一面も見せて、なぜ、そのような豊かさを手に入れることができたのかを示すことでビジネスに繋げるところです。

そして、必ずビジネスの話で終わらないように、再びプライベートな内容で終えることで、余韻から売り込み感をなくすことです。

では実際に、プライベート記事の書き方をお伝えします。

《Step1》
テーマは1つ。

あれもこれも書いてしまうと、プライベートのことなのでわかりにくい文章になってしまいます。

1つに決めることをオススメします。

《Step2》

なぜ、それを書きたいと思ったのか理由を書く。

ランチにいった
水泳の特訓にいった
ショッピングに行った

そのプライベートの一場面をなぜ書きたいなと思ったのかを考えることが大切です。この「なぜ」が大切になります。

《Step3》

プライベートでの出来事とビジネスの共通点を見つける。

ステップ2で出した「なぜ」があなたのビジネスと共通する部分があります。この共通点を出すことができるようになると、どんなモノでもコトでもビジネス記事に繋げることができます。

《Step4》
〇〇と〇〇って、似ていますよね?? 同じですよね??
と、ここでプライベートからビジネスにつなげる

《Step5》
枕詞と
告知文などのURLを貼る

《Step6》

余韻。

前半のプライベートに対しての
自分の想いを書くことで、
プライベート記事の印象を持たせるので
売り込み感がなくなる。
また、人柄がわかるので安心感のある記事になる。

（参考記事　3人の母ちゃんの休日のぼやき）

このようにプライベート記事にはスキルが必要なので、私の受講生にはよく大喜利スタイルで頭の体操をしてもらっています。

たとえば、「今日、みなさんは補整下着を買いました。このことをご自分のビジネスに繋げてみてください！」といったお題を出すのです。こんなふうに遊びながら頭の体操をしてプライベート記事を書くスキルを磨いています。

また、プライベート記事は長く書いていると、だんだんネタがマンネリ化してきます。そのため、常に新しいネタや切り口を考える習慣を持つようにしています。ネタが浮かんだらメモを取る、というと何やらお笑い芸人さんのようですが、発信を続けるというのはそういうことなのです。人生ネタだらけですから。

こうして読者に飽きられないように、買い物や食事、子育ての話題だけでなく、私なら水泳の話題や家庭菜園、映画を観たとか思わずマンガで課金してしまったなど、書けることなら何でもネタにしています。もちろん、必ずビジネスと関連づけて発信することだけは忘れないでくださいね。私たち起業家の発信はビジネスを飛躍させるためのものですので、ただの日記にならないように意識していくことも大切です。

第 3 章

実例とSNS&ブログマーケティングの実践

1章、2章では、皆様に要素やコツをお伝えさせていただきました。

自転車の乗り方で例えると、①ペダルを漕ぎましょう　②ブレーキを覚えましょう　③バランス感覚を身に付けましょう　という最も大切な部分を書かせていただきました。

ただ、これらのコツを知っていたところですぐに自転車に乗れるようになるわけではありません。告知文やお役立ち記事の書き方についても同様です。コツを知って実践して失敗して改善してというサイクルが必要です。

その一助にしていただくべく、3章では実際にブログを例に具体的な解説を加えます。なぜこのような文章を書いたのか、1行、1行に意図があります。少し恥ずかしいようですが、いたずらに文章を書くのではなく、それぞれどのような目的意識で文章を書いていくかを感じてもらえれば幸いです。

告知文の事例解説

【募集】３つのステップで
申し込みを自然にGetする
禁断の文章術

NEW：2023-05-21 15:50:55
テーマ：◆文章テクニック

airipiアカデミー代表
ママ起業コンサルタント
田村めぐみです

【募集】たった３つの鍵で
申し込みを自然にGetする禁断の文章術

「　発信が大切っていうけれど
そもそも、どう書いていいのかわからない　」

「　人気のある方々の発信って
気がついたら読み込んでしまう。。。
どうやったら、そのように書けるんだろう・・・
自分には書ける気がしない（泣）　」

と。。。

発信が大切だと頭ではわかっているのに
実際に書いてみると・・・
うんwww

（【募集】たった３つの鍵で申し込みを
自然にGetする禁断の文章術
https://ameblo.jp/smile-pleasure/
entry-12803946736.html）

全てのブログ記事のタイトルで言えることですが、タイトルが命です！

このタイトルを見て読むか読まないかを判断しますので、ここは記事を書いた後、しっかり見直してください。


さて、今回のような告知文の場合、ブログで集客する時は、このように【募集】と書くことをオススメします。

なぜなら、何かしらの【募集】だとわかった状態で読んでくださる読者さんは、もうあなたのコンテンツに興味のある方です。３ヶ月間、しっかり記事を読んでくれた読者さんとは信頼が蓄積しています。

そのような状態になると、あなたのコンテンツに興味を持ってくれるようになります。

その時に、募集されている記事だとわかるように【募集】とつけていくのです。

フロントエンドのタイトルの基本の形が

【募集】期間＋アフター＋講座名

です。

この「期間」があるのは簡単にできることがわかるようにしていくためです。ラクして簡単にできるものに、心惹かれる習性があります。

今回のタイトルの場合、「たった3つの鍵で」と「たった」とつけるだけで、少ない印象にすることを意識してつけています。また数字をつける場合は3までがオススメです。5つとか7つになると多い印象になるので、申し込みのハードルが上がってしまうためです。他にも「たった3日で」「たった60分で」など数字と合わせて魅せることも参考にしてくださいね。

次に「アフター」は「今回のフロントエンドで何を得ることができるのか」

になります。

ここがわかるようなタイトルにしましょう。

極端に言えば、「ここに来れば水筒が手に入りますよ」くらいわかりやすいものがベストです。今回の場合「申し込みを自然とＧＥＴする」がアフターです。つまり申し込みが入る状態がアフターです。

ここのアフターの落とし穴が、抽象度を高く書いてしまうことです。
今回の場合
「幸せな起業をしていくための」「お客様に愛される」を書いてしまうと、幸せや愛されるなど、一人一人の主観が違うものになり、結局、どんな風になれるかわからないので、刺さるタイトルになりません。他にも「キラキラ」「ワクワク」「イライラ」も気をつけて使うワードになります。具体的に「何が手にできるのか」を言語化していきましょう。

「　発信が大切っていうけれど
そもそも、どう書いていいのかわからない　」

「　人気のある方々の発信って
気がついたら読み込んでしまう。。。
どうやったら、そのように書けるんだろう・・・
自分には書ける気がしない（泣）　」

と。。。

発信が大切だと頭ではわかっているのに
実際に書いてみると・・・
うん www

【思ってたんと違うーーーーーー！！！！泣　】

と投げやりになること。

私の場合
両手の指の数では
もちろん足りません（泣）でした

ここの部分はお客様の心を動かすためのフックです。

こんなお悩みありませんか？　とあえて、自分の悩みとして書き出すことで「私も一緒だ」と思っていただくために書いています。こうすることで、告知文ではありますが、読み進めていただけるようになります。

この時に悩みはお客様が思っているだろう悩みを、自分の過去として書いています。

ここでのポイントが

「私の場合、両手の指の数では

もちろん足りません（泣）でした」と書くことです。

ここを「もちろん足りません（泣）」としてしまうと、同じような悩みを今も持っている先生のところにいきたいとは思いませんので必ず過去形で自分の悩みであった。もしくは受講生さんたちから、よく聞く悩みです、と先生ポジションを意識して書いていくことがオススメです。

そして今

ありがたいことに

今では、
募集開始１５分でセミナーを満席をさせることも。

一晩で５０名を超える方から
お申し込みをいただけるようになることも。

５４万円する講座で２１名を満席にすることも。

できるようになりました！

本当に感謝しかありません ^^

文章を紡ぐこと。
発信を続けることで
申し込みは入るように必ずなります！！

申し込みがあるだけで
「心」にゆとりが生まれて

子どもがお片付けをしていなくても←おい（笑）

「まぁ、一緒に片付けよっか♡」と
穏やかなお母さんでいられるようになりました＾＾

次にそんな悩みがあったところから、どんなアフターになったのかを伝えています。私のようなコンサルの場合は数字が使えるのでわかりやすいですが、子育て系や心理学系、コーチングなど目に見えた結果ではなく、心の変化を表すものは数字で表すのが難しいので、その場合は

コンテンツを通して「どんな日常生活が手に入ったのか」を具体的に書くことが大切です。たくさんのエピソードを入れると、意味がわからなくなってしまうので、たった1つエピソードを読者さんの頭の中にもイメージできるくらい情景がわかるように書くことで、アフターの価値が上がります。

ポイントはお客様が「そんな風になりたいな」と思えるアフターにしていきましょう。

その時にアフターで終わらず、ベネフィットを入れ込むことで、さらにどんな「そうなりたい！」を引き出すフックになります。

今回の場合は、同じようなママ起業家が私の場合、お客様になるので

子供がお片付けをしていなくても↑おい（笑）
「まぁ、一緒に片付けよっか♡」と
穏やかなお母さんでいられるようになりました^^

子育てと仕事で多い悩みの「子供にイライラしてしまう」というところが、申し込みがあることで、どんな気持ちになれるかのベネフィットをプラスしています。

その中でも
申し込みを自然とGETするための

最重要項目である
３つの基本を
今回の講座でお伝えいたします^^

それは
「書かない」３原則を知っていただきたいのです！

一つ目は

【あれこれ書かない】

これは
申し込みをいただくためには
絶対に知っておいていただきたい
原理原則です！

顧客心理を理解し
自然と申し込みにつながるための
文章構成をお伝えいたしますね^^

２つ目が

【キレイに書かない】

これが実は
もっとも自分で気がつきにくい落とし穴なんです（泣）

一生懸命伝えようとするからこそ
専門書のような・・・
教科書のような・・・

そんな文章になってしまう方が
実は多いのです！

内容はずっしり

ここが申し込みをいただく告知文のための「価値」を伝える講座の内容です。
今回の場合、
最重要項目である
3つの基本を
今回の講座でお伝えいたします^^
「あれこれ書かない」
「キレイに書かない」
「自分で書かない」

と何が得られるのかをキャッチーなタイトルをつけて、その後に補足説明を入れています。費用対効果があるかどうかを、お客様はジャッジしています。何が学べるのか。何を知ることができるのか。この辺りを簡単に書いてしまうと「価値」が伝わらず「こんなに安くしているのに申し込みがない」という場合は、ここがお客様に伝わるレベルで書いていないことが原因として多くありますので参考にしてくださいね。

またアメブロの場合、1つ1つの記事のアクセス数がわかります。この告知文が普段の記事（お役立ち記事、実績記事、開催報告、プレイベート記事）よりも、アクセス数が半数以下の場合、読者さんとの信頼関係が構築できていません。その時は徹底したお客様目線で日々、発信していくことが大切です。

この告知文にアクセスされるように、日々の投稿に告知文のリンクを貼ったり、インスタグラムやFBなど、他の媒体への露出も併せて行うことが大切です。

ちなみに告知文を1回上げたくらいでは、残念ながら申し込みは入りません。

まだ新規のお客様の申し込みが少ない時は、満席をいただくまで15回以上、つまり満席になるまで告知文を載せていくことも大切です。

アメブロの場合は、投稿する時間の変更ができるので告知文を再度リアップしていくこと。そうすることで告知文だらけの状態ではなくなり、かつ申し込みがほしい告知文を常に新しい記事にして目につきやすいので露出拡大に効果的です。

「この先生にお願いしたい」と自然に思える文章術

2023-05-27 15:09:16
テーマ：◆集客ノウハウ

いつも予約でいっぱい！人気講師へ

リピート率９２％の愛されリピートの方程式

田村めぐみです

「この先生にお願いしたい」と自然に思える文章術

発信の添削を怒涛のように
毎日しています＾＾

受講生さんたちの
実力がどんどん力がついていって

今日の講座でも

「一気に４名から申し込みをいただきました！」

「２日で１８名様に申し込みをいただきました！」

「初めて告知文を書いたら、
４万円のセッションに
４名様からすぐに申し込みをいただきました！」

（お役立ち記事実例　「この先生にお願いしたい」と自然に思える文章術
https://ameblo.jp/smile-pleasure/entry-12785786291.html）

お役立ち記事のコツ

次にお役立ち記事でのポイントをお伝えします。お役立ち記事は自分のコンテンツを書くことになるのでわかりやすく書く、というのが大切になります。基本的に小学5年生でもわかるように書くくらいの意識で書いていきます。

今回は「この先生にお願いしたい」と思える文章術が題材になるので

まずは、ちゃんと実績が出ている内容ですよ、と意識づけるために今までの受講生さんの結果をあえて載せています。

今日は発信をする上で

大切な

相手にわかりやすく書いていく秘密を

シェアさせてくださいね＾＾

お客様の声や出来事だけを書かないこと。

発信をする上で
重要になってくるのが

【　私の講座やレッスンを受けるとどんな未来になれるのか？　】

がわかることが大切になります＾＾

そのため

受講生さんたちの【　言葉　】をそのまま載せるのではなく

私たち講師が感じたことや
思ったことを書いていくのです＾＾

その上で

【「この先生にお願いしたい」と思える文章術】にするための結論を書いています。今回の場合はお客様の声や出来事だけを書かないことです。

この結論を最後に書く方も多いですが、発信の基本は一期一会です。そして読者さんが興味があることは、「自分自身のこと」のみです。自分に関係のない話を前半にしてしまうと、最後まで読んでいただけません。そのため、まずは答えを先に伝える。1記事＝1メッセージの部分である結論を先に書いてから内容に移っていくことが大切です。

例えばですが

勉強が不得意の

ドラえもんに出てくるのび太くん。

見かねたお母さんが

家庭教師を頼んでくれました。

その家庭教師の先生が

のび太くんの勉強を見た後

お母さんに

勉強の様子をお母さん伝えました。

①のび太くんが今日行った勉強は

掛け算をしました。

九九は理解していますが

２桁の掛け算になった瞬間に

そのコンテンツをわかりやすく説明するために、例え話を入れていくのが効果的です。

例えば「ラーメンでいうと、とんこつラーメンのように重い内容」

このようにコンテンツからかけ離れているもの、かつ読者さんに馴染みがあるお話で例えを入れていくとわかりやすさ・親しみやすさが出てきます。

私の鉄板ネタは、ドラえもん、アンパンマン、料理、イケメンの話など「あ〜わかるわ」と思ってもらえる内容を意識しています。

今回は、大好きなドラえもんで例えを入れてみました。

わからなくなってしまうようです。

次回以降も
この辺りができるように

教えていきますね＾＾

②のび太くんが今日行った勉強は

掛け算をしました。

九九は理解していますが

２桁の掛け算になった瞬間に

わからなくなってしまうようです。

一生懸命、
筆算をしている様子で
頑張り屋さんなのだと思います。

すぐに僕に答えを聞かずに
なんとか
解きたい様子でした。

こんな頑張り屋さんなので
これから
わかるようにお伝えしていきたいと思いました！

次回以降も
この辺りができるように

教えていきますね^^

（ドラえもんHPよりお借りしました）

・

・・

・・・・

①と②

伝えたいことは

筆算を行った。
２桁ができないから
ここを強化してく。

今回の発信は

【「この先生にお願いしたい」と思える文章術】にするための結論を書いています。

今回の場合はお客様の声や出来事だけを書かないことです。

今回はのび太くんのエピソードを妄想して書いています。

例え話のポイントは、言葉を丁寧に紡ぐことです。書き手の頭の中のものを端折って書いてしまうと、その情景がイメージできません。そうなると一生懸命、例えを考えて書いてみても伝わりません。

少し文章が長くなっても、読者さんの頭の中でその情景がイメージできているか。この辺りを意識して書いてみてくださいね。

どちらの先生の方に
我が子をお願いしたいと思いますか＾＾？？

私は
間違いなく

②の先生です＾＾

算数を教えてくれるだけではなく

やっぱり

自分の子を大切にしてくれる先生に

教えてもらいたいと

私は思います＾＾

ほんの少しでも

先生である

私たちの受講生さんの思いを

書いてあげることで

一気に親しみが湧きます＾＾

今回の場合、読者さんにどちらの先生の方に
我が子をお願いしたいと思いますか^^??

と聞いています。この?を使う書き方をすることって、語りかけて書いていく発信になるのでよくあるかと思いますが、この使い方は注意が必要な部分になります。

会話でしたら、キャッチボールをしながら進めていけますが、文章はそのようにはいきません。つまり一方的に聞いて終わってしまうのです。読者さんも心が穏やかな時に読んだらなんとも思わないことでも、落ち込んでいたり、うまく行かない時などは責められているように感じてしまうこともあります。

文章ではこの辺りを上手に伝えることが難しいです。

そのため、テクニックとして「?」を使ったら、必ず私は○○だと思います、と自分のメッセージを入れていくのです。

このような書き方をすることで「筆者はそう思うのね」という捉え方になるので、上から目線の書き方から卒業することができます。

またこのように私はこう思う、と言う書き方はＩ（アイ）メッセージになるので、自分の意見を伝える手法になります。

これはビジネスで発信をする際、大切なライティングになります。

これは【価値観】です。この発信をみて申し込みをいただくようになります。つまりお客様になる人たちは、あなたの発信が好きな人が来てくれます。言い方を変えると同じ【価値観】を持っている人が、お客様になってくれるのです。

だからこそ、お客様と話していると盛り上がったり、初めて会った気がしないと言っていただけるのも自分の想い＝価値観を伝えることからスタートします。

ぜひ、「？」の後、私はこう思う、と言う一文を入れてみてください。

実績記事

たった１日で８１名の方から申し込みをいただきました！

メールレターの中で
昨日から募集を開始した

申し込みの入るブログに change ！
アメブロブートキャンプ動画講座

2020、１２月にリリースしたこのアメブロブートキャンプ。

今までに
累計３２０名を超える方々から
お申し込みをいただいてきました♡

どんどん
アメブロブートキャンプに入隊してくださる方々が

（実績記事　https://ameblo.jp/smile-pleasure/entry-12761448789.html）

申し込みが入るブログにするために大切な要素が
①共感
②親近感
③憧れ　この3つです。

比較的、共感と親近感は自己開示をすれば、できるようになるのですが
この憧れを出すのが苦手だと言う方がとっても多いです。

その理由として
・自慢に思われたらどうしよう
・私よりもすごい人がたくさんいる
・私なんかが書いていいのかな

と心のブロックがあって書けない。と言うご相談を今までたくさん受けてきました。

「私はすごいでしょ」と自慢する記事ではなく、「しっかりその道のプロですから安心してきてくださいね」と言うお客様へのメッセージだと思って書いていただけると嬉しいです。

特に実績記事で力を発揮するのが数字になります。

私の場合、起業コンサルになるので集客ができるようになりたい、と思う方がお客様になります。

そのため、しっかり集客ができている様子を数字で魅せることを意識しています。

数字で表すのも自分のお客様がどんな実績に憧れるのかを考えて数値化してタイトルにつけるのが大切です。

例えば
妊活の講座をされているのなら
「妊娠率82％！　になった食事法」
「10名中８名の方が妊娠報告をくださいました」と言うのが刺さりますし
ダイエットをされているなら
「食事制限０で、３kg減りました！」
「運動なしでも、ウエスト３cm減ったワケ」などと数値を示すのもいいですし

恋愛講座をされているなら
「3ヶ月で彼氏ができる方法」
「10名中8名がプロポーズされました！」

などなど
各業種によって、どの数字を出したらいいのかが変わってきます。

みなさまのお客様が「いいな」と思う実績を数字で魅せてタイトルで入れてください。

それ以上にこんなメッセージが

もうたっくさん

届いて・・・届いて・・・

幸せを噛み締めています。

「　**本日20時を心待ちにしております**(*^^*)
学ばせていただける

チャンスがありましたら

ぜひブログセミナー受けさせていただけたら嬉しいです(*^^*)
今年もよろしくお願いいたします❣」

「いつも価値ある

有料級の配信をありがとうございます。

昨日から開始されました
アメブロブートキャンプに
申し込みをさせていただきました。

前回の募集では、
あと一歩で迷い、購入を見送りましたが、
今回の大変お得なビックリ価格！
是非参加したいと思っておりました。

動画講座、とても楽しみにしております！」

実績をタイトルで魅せていきながら、読者さんが納得するような内容を次に入れていくことも大切です。

今回は1日で81名から申し込みがあった実績を書いているので、このような申し込み状況を書く場合は、申し込んでくださったお客様のお声を載せると、受講しようか迷っている方の背中を押すことができます。

このようなお声をいただくために、私が行ってきたことは

① 申し込みのメールをいただいたら、講座の詳細だけではなく一人一人にあったメッセージを1文入れる

お申し込みページを作成する際、私はお住まいの都道府県を任意で選んでいただくようにしていました。

私の場合、転勤族で15回引っ越しをしてきたので、いろんなところに住んでいた経験があります。そのため

「広島県にお住まいなのですね。私も広島に2年住んでおりました。いまだにじゃけん♡と話してしまうこともよくあります^^勝手に親近感でいっぱいです」

など

その地域から共通点を見つけて、パーソナルなことを入れるようにしていました。

ベビーマッサージ時代では

申し込みページにお子様の月齢を入れていただいていました。

例えば
「4ヶ月なのですね。首もしっかりするようになってきて、抱っこがしやすくなる時期ですね。ぜひレッスンでは私にも抱っこさせてくださいね」

などなど
申し込みいただいた方へ返信をいただいた際、
① 申し込んでくださったことへの感謝
② パーソナルな1文
③ 講座の詳細

を返信することで、その返信したメールにお返事をくださることがほとんどになりました。

パーソナルなことを書くことで、フロントエンドに来る前から親近感を持ってくださるようになります。

結果、その返信メールに

「穴が開くほど、先生のブログを読んでいましたが、勇気が出なくて今まで申し込みができませんでした。今回、勇気を出して申し込んで本当によかったです！　先生にお会いできることを楽しみにしています」

など涙がちょちょぎれる嬉しいメッセージを返信してくださることが増えました。

そして、そのお声をプライバシーに考慮しながら、発信に使わせていただく。

そうすると同じように

「勇気が出ない」と思っている方の背中を押してくださるので、実績記事からまたお申し込みをいただける、と言う好循環が生まれます。
何もしなければ、お客様のお声はいただけません。
ぜひ、この辺りも参考にしていただけると嬉しいです。

「振り返ると、
ブートキャンプ参加前は、
地元の方からのお申し込みのみ、

他県からのお問い合わせゼロ！

受講後はアメブロからのお問い合わせが急増し、

その後、
ファースト、セカンドと受講させていただいた
いま、

他県に限らず海外からもお申し込みをいただけるようになりました！

（昨日もブログからお問い合わせがありました！）

これもめぐみさんのご教授のおかげです。

本当にありがとうございます！

ブートキャンプもファーストもセカンドも、

毎回の愛あるギフトにアップアップでしたが

「いまのままでいたくない！」
「変わりたい！」と思い、

意を決して申し込んで本当に良かったです。

以前のわたしのように自分のやり方に限界を感じていたり、
もっと飛躍したい！という方には、

（覚悟を決めているならば）
迷わず絶対に飛び込んで〜〜！！と、

声を大にして言いたいです！！

昨日のめぐみさんのメールレターを読み、

初心を忘れず、2022年飛躍の1年として進んでいこう！！

と気持ちを新たにしました！

ありがとうございます！」

この受講生さんは

本当に
素直で

頑張り屋さんで・・・

周りの方を応援してくれる

素晴らしい方なのです。

実績記事・開催報告のコツ

他にも、今までの受講生さんから「受けてよかった」という感想を載せることも効果的です。私の場合、集客ができるようになることがゴールの講座になりますので、その結果を含めたお声になっているかどうかがポイントです。

今回の場合

「他県に限らず海外からもお申し込みをいただけるようになりました！（昨日もブログからお問い合わせがありました！）

と言う部分です。すでに受講生さんがいらっしゃる場合は、受講生さんにお声をいただくのもオススメです。

ここにも書いてくださっていますが

【　覚悟　】を決めることで

大きく結果って変わっていくのです。

ちょっとだけ
私のやっちまった話を聞いてください（泣）
↑
いやって言わないで〜〜〜〜(泣)

私が
発信から思うように申し込みがなかった10年前。

申し込みが入らなくても
ぶっちゃけな話

「生活」ができていたんです。

実績記事の場合、ただ実績を書いただけ

今回だと「1日81名から申し込みがあったこと」とお客様の声で終わって

しまうと、自慢話で終わってしまいます。

自慢の記事となるか、申し込みにつながる記事に変わるかは

次に書いていく「想い」が大切になります。

私自身の過去の恥ずかしい話を自己開示しています。この自己開示の内容

は、今回のフロントエンドに来ていただきたい方の悩みや不安に思っている

共通するものを書いています。

同じように悩んでいたけれど、覚悟を決めて頑張ったら結果を出すことが

できました。と言う部分を想いとして言語化しています。

この自己開示があることで、親近感を出すことが出るのでただの自慢にな

らないテクニックです。

今回もたった１日で８１名がお申し込み

累計３２０名がお申し込みくださっている

ブログ集客の全てを詰め込んだ
アメブロブートキャンプ動画講座はこちら

URL
↑
ぜひチェックしていただけたら嬉しいです＾＾

３人のお母ちゃんでもある私、田村＾＾

この冬休み
かなりアップアップしながら

日々の発信をしています 笑

こんな偉そうなことを書いているのですから

しっかり
やるべきことをしていきたいな。

そして
たくさん失敗もして
その反面教師になれるように頑張っていきたいと思います♡

最後までお読みいただき

ありがとうございました＾＾

今回は実績記事となるので

次の導線であるリンクを押していただくためには、再度憧れを出す必要があります。

今回のタイトルを再度、枕詞に入れることで憧れを出すことができます。

リンクのあとは余韻も忘れずに書くことも大切です。

実績記事は他の記事に比べて、売り込み感が出る記事になります。この記事に対する自分の想いなどを書くことで人柄が見えるようにしていくのも良いですよ。

【開催】なるほど！がいっぱいで目から鱗が落ちまくっています！！

本日
330名が参加してくださっている

申し込みが入る！ブログにchange ！
アメブロブートキャンプ動画講座の

特典講座である

題して

リピート率を3倍あげる！

1ランク上の告知文の作り方　3day レッスンを

開催いたしました。

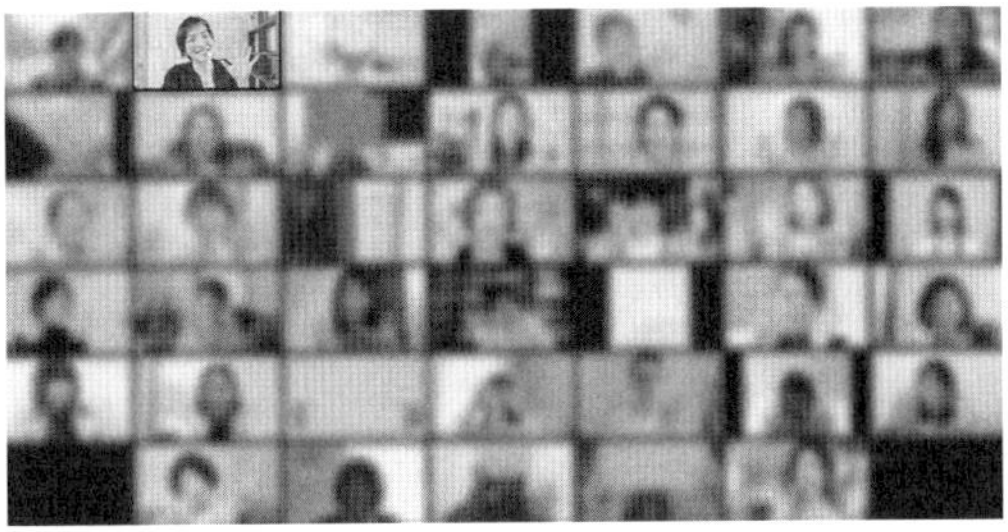

（一番上の左から2番目が私、田村です）

(開催報告の記事
【開催】なるほど！がいっぱいで目から鱗が落ちまくってい
ます！！)

フロントエンド・個別面談・本命講座などお客様に何かをお伝えしたら、この開催報告を必ず書くことをオススメしています。

その理由は、現在514万人

総務省の「就業構造基本調査」によると、我が国では「自営業を営む起業家」の数と「会社役員などに就いている起業家」の数をあわせると、約514万人にのぼる。人口10,000人あたり404人、全人口の4.0%が広義の起業家と言ってよいだろう（出典：平成24年就業構造基本調査）。

これほどたくさんの方が起業をしているので、同じコンテンツを扱っている同業者がたくさんいます。

その中で、講座やレッスンを開催できていること自体が実績になります。

また読者さんたちの興味は「自分自身のみ」です。その読者さんが自分自身の受講後の姿をイメージしやすいのが開催報告になります。

開催報告の場合タイトルに【開催】とつけることもオススメです。申し込みを検討している読者さんが一目でわかるようにするためです。そしてタイトル一覧で【開催】が並んでいるだけで、しっかり運営されている方だという認知にも繋がります。

タイトルも重要です。

基本的に開催報告を読みたい方は、「今回のフロントエンドに参加された方」になります。そうなると内輪ネタになってしまって、新規の読者さんには刺さらない内容になります。

○月○日　1day講座　のようなタイトルにしてしまうと、今回参加した方しか見たいと思っていただけません。開催ですが、新規のお客様に刺さるようにするには、フロントエンドで話してくれたお客様の声などを入れると、キャッチーなタイトルになります。

【開催】なるほど！がいっぱいで目から鱗が落ちまくっています‼と
今回書いていますが、これもお客様が言った言葉そのままを書いています。

自分でアレンジして
【開催】目から鱗が落ちた3つの理由
などに変換してしまうと、言葉の勢いが減ってしまいますし、今までのアクセス数を見ても、お客様の声のまま載せた方が反応がいいことがほとんどでした。

ぜひタイトルも意識してつけてくださいね。

開催報告なので、必ずどんな講座なのかをわかるように明記することも大切です。よく「今日のレッスンでは」「今回の養成講座は」と書く方も多いですが、どんなビジネスをしているのかを読者さんにわかっていただくためにも

講座の名前を省略せず丁寧に書くことも大切になります。

今日は

その中でも

めちゃくちゃ

大切な部分をお話しさせていただきました＾＾

「なるほど！がいっぱいで**目から鱗が落ちまくっています！！**」

「今までなんとなく書いていました。
これを書いたらもっと良くなりそうです♡」

「めっちゃメモ取りました！**濃すぎる…！最高過ぎます！**」

と
嬉しすぎるメッセージも届いて

田村の心はスキップしております

コンテンツが同じ。

でも

『なんだか、この人の発信、心が惹かれてしまうんです♡』

という方が絶対的に書いているもの。

開催報告になるので、お客様がおっしゃってくださった言葉や変化をしっかり魅せることで、「受講するとこんな未来が待っているんだな」という認知に繋がります。

そのお客様に伝えたことのうち1つをシェアするように記事を書いていくと1記事＝1メッセージになるので、読みやすい文章になります。

フロントエンドで話したことを、全て書きたくなってしまいますが伝えたいことを1つに絞ることでわかりやすさも出ますし、何より1回の開催で何個も開催記事を書くことができます。

「開催できている」ことが起業をスタートしたばかりの方にとって素晴らしい実績となりますので、何個も書いてみてくださいね。

同じ講座・レッスンの場合

そうは言っても
「私の場合は、どうやって書いたらいいの？」
と
ご相談されることがたくさんあります。

そんな時は
〇／〇に同じ講座をするので
チェックしていただけたら嬉しいです!

ありがたいことに
ブログで告知する前にすでに〇名からお申し込みをいただき

残席わずかになっています!
ありがたや～

ぜひ
一緒にベネフィット出しをできたら嬉しいです♡

URL
↑
クリック

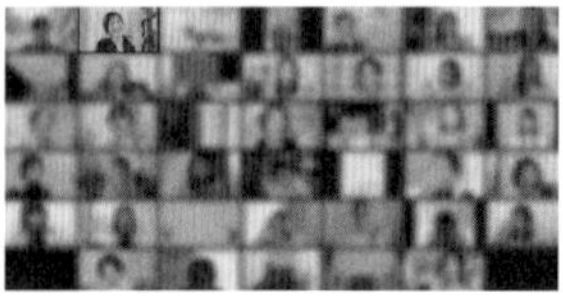

本命講座の場合

告知文で書くと
発信の深みが増しますので
参考にしてくださいね＾＾

ここをしっかり出すことができたら
読者の心に刺さる告知文も書けるようになりますし

日々の発信も
一気に【　価値　】が伝わるようになります。

結果
申し込みはもちろん、
満席にしていく状況ができるようになります。

さらにワンランク上の講師を目指す方におすすめなのが

リピート率 80% 以上の人気講師へ
ファーストステージ 15 期になります。

すでに
定員の半分以上が
「頑張りたいです！」と申込んでくださっています＾＾

その講座の詳細はこちら
ぜひ合わせて読んでいただけると嬉しいです。

URL
↑
クリック

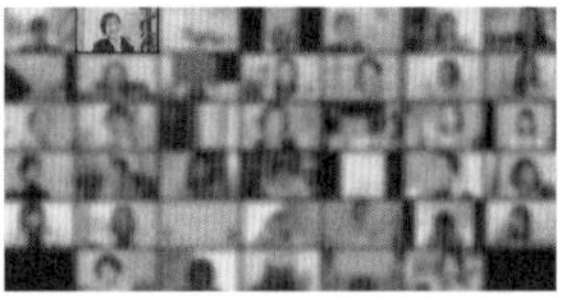

開催報告が一番、集客につながる記事です。
なぜなら
読者さんが実際にあなたの講座やレッスンを受けたら、どんな未来が待っているのかをイメージできるからです。

そのため、開催報告を書くときは、この記事を読んでくださった方がどのフロントエンドに来てほしいか。または本命講座に来ていただきたいのか。それともメルマガや公式ラインに来ていただきたいのか。いずれかのゴールを明確にして書いていくことも大切です。

一番、書きやすくかつ申し込みに繋がりやすいのは同じフロントエンドに繋ぐものです。

このように、何が手に入るフロントエンドなのかを導線（URL）の前にかき、さらに人気があることがわかる一文を入れることで申し込み率が高くなります。

「ありがたいことにブログで告知する前に、すでに〇名からお申し込みがある」と書くことで、人気のある先生を魅せることができます。

告知する前に申し込みをいただく方法は、

① お友達や今まで来てくださったお客様に直接メッセージをしてお申し込みを告知前にもらっておく

② フロントエンドの終わりに、次回の予約をいただく

③　メルマガや公式ラインなどで先にお申し込みをいただく

これらのことを事前に行っておくと、このような文章を書くことができます。何もせず、先行予約をいただけることはありませんので、この辺りも意識して行っていくこともオススメです。

まだ、先行予約をいただくのは難しいときは

今回のフロントエンドで言っていただいたお客様の声を合わせて載せることもオススメです。

「なるほど！がいっぱいで目から鱗が落ちまくっています‼」と言ってい

ただいた大人気の○○講座

もっと自分のフロントエンドの価値を伝える人を増やしたい！　と言う想いを込めて

来月の7月24日も開催したいと思います！

と

お客様の声＋自分の想いを書くことも効果的です。

そのほかでも数字で魅せることもできます。

今回参加してくださったお客様が遠方からお越しくださった場合は

○○○㎞離れた○○県からお越しいただいた人気のフロント講座名
5名中5名が「また受けたい！」と言っていただけた人気のフロント講座名など

数字を入れることで、人気があることを魅せることができます。

この開催報告は申し込みに繋がりやすい記事になるので、リンク先の告知文を読みたくなるような言葉を見つけていくことも大切です。

他にも、今回フロントエンドに来ていただいたお客様に本命講座にも来ていただきたい場合もあるかと思います。

これはかなり難易度が高いです。ここからお申し込みをいただきたい場合

は次の条件が満たしている時に有効なテクニックになります

①　本命講座の告知文があり、今回のフロントエンドにお越しくださった方が本命講座の存在を知っていること

②　本命講座を複数回開催していて、その開催報告を多く発信していること

③　今回のフロントエンドにお越しくださった方へ、本命講座の価値をフロントエンド内で話していること

この3点ができていたら、ぜひチャレンジしてほしいテクニックです。

発信は基本的に新規のお客様へのラブレターですが、開催報告は、文章で今回のフロントエンドにお越しくださった方にお申し込みを促すこともでき

ます。

そのため、開催報告を発信する際は「今日の夜9時に今日のレッスンの様子を発信しますので、ぜひみてくださいね」と必ず今回来てくださったお客様にレッスン中に伝えていくことが大切です。

見てもらわなければ、先には繋がりませんので（泣）

ポイントは今回のフロントエンドができるようになり、本命講座を受けるとどんな状況になるのかのアフターを書いていくことです。

今回の場合

「申し込みはもちろん、満席にする状況ができるようになる」部分になります。

このようになれるのが本命講座ですよ。と繋げていくことと申し込み状況を入れることがめちゃくちゃ大事です。

本命講座はフロントエンドと違ってお客様の問題を解決していくので、どうしても価格が高くなります。そのためフロントエンドと違って気軽に申し込みができないのが現状です。

ハーディング効果とは、周りの人と同じ行動で安心感を得たいと思うこと。あまり興味はなかったけれど、他の人が受けているなら見てみようかな、と思っていただくための伏線です。

今回の記事の場合

すでに定員の半数以上が
「頑張りたいです」とお申し込みくださっています、と言う部分になります。
まだ申し込みをいただいていない場合は過去の実施状況でも大丈夫です。
・大人気の講座で今まで6期まで超満席で開催してきました。
・延べ100名以上が受講してくださった○○講座など
しっかり開催してきたことを入れるようにしていきます。

この2点

①　本命講座で得られること

②　人気の講座であることを魅せていくこと

をすることで、本命講座にも繋がっていくようになります。

今までに何度も本命講座を開催してきた方は、こちらもぜひ挑戦して見てくださいね。

メルマガ・公式ラインへの繋げ方

メルマガ・公式ライン

発信って本当に奥が深いんです＾＾

難しく感じる。。。。
とよく言っていただきますが（泣）

実は
基本をしっかり身につけることができたら
本当に息を吸うかの如く
当たり前にできるようになります＾＾

読者さんの心に刺さる
告知文以外の発信のコツも
この12500名が読んでくださっている
メールレターで
包み隠さずシェアしています。
https://resast.jp/subscribe/63209
↑
クリック

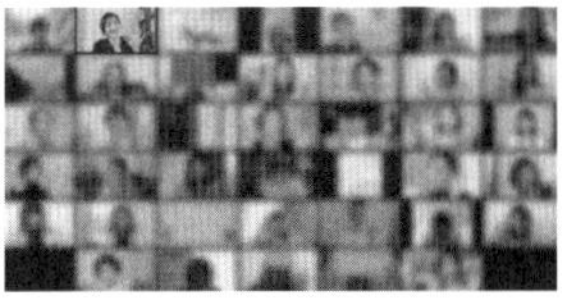

メルマガや公式ラインに繋げていきたい場合を解説しますね。

今回のフロントエンドでお伝えしてきた内容を、メルマガや公式ラインでお伝えしていることを書ければＯＫです。
その際、
実績を合わせて魅せていくことも大事です。
今回だと数字で１２,５００名が読んでくださっていると書いています。

他にはお客様の声を載せるのも効果的です。

例えば
「メルマガを読んで実践しただけでも申し込みがありました！」

「初めて満席にすることができました！」

など読者さんからの嬉しい報告が止まりません。


その満席にしていく方法は、メルマガでガッツリお伝えしています。

メルマガに登録することでどんなメリットがあるのかを明記することで、登録率をあげることができます。

開催報告はいろんな使い方ができるので、ぜひその時のビジネスの状況に合わせて使い分けて見てくださいね。

プライベート記事のコツ

3人の母ちゃんの休日のぼやき

プライベート記事はライティングの力をつけるのにとっても効果的です。
普段のビジネスの切り口ではないところから、最終的にビジネスに繋げていくので
自分の講座を誰よりも知っている状況が大切になります。

このプライベート記事は共感・親近感・憧れを出すことができるものにな

るので
意識して書いていくといい記事になります。

私の場合、よくいただく質問のうち「仕事が忙しい中で子育ての両立を知りたいです」「お母さんに見えないです」と言っていただくことがあるので
意識してお母さんとしてのプライベートを書くようにしています。

他にも憧れを出す部分で
レストランでのランチの話をすることも簡単にできる手法になります。

例えば
ママ友とランチに行ったら金額でランチを選んでいた。
でも今、起業をして、金額ではなくて食べたいなと思うメニューを選べる

ようになった。

と言うのも憧れを出すことが出来ますし

服を買うという時も
今までは子供がいるから洗濯機で洗えるものや汚れにくい黒や紺を選んでいたけれど
今は先生として、生徒さんの前に出るようになったので
自分が着たいと思っていたスカートをはくようになった。これが本当によくて
自分の好きなものを身につけると気持ちが明るくなって、主人からも綺麗になったねと言ってもらえるようになった。
などなど、自分のビジネスをするようになったことで

日常生活にどんな変化が出るようになったのか。小さい部分で大丈夫ですので心の変化や出来事の変化もプレイベート記事で書くこともオススメです。

どんな風に受講生さんたちに見られたいかな、と言うブランディングもできるのでその辺りも意識して見てくださいね。

申し込みをいただくために絶対に必要なこと

ここまで、ライティングについて説明してきました。発信は筋トレと同じですので何度も書いてどんどん読者さんの心に刺さるライティングを手にしていただけたらと思います。

さてここから衝撃の事実を伝えさせていただきます。

それが、どんなにライティングが上手でもそれだけでは申し込みをいただけない、ということです。

申し込みをいただくために必要なものは

①ライティングの技術

②露出

になります。

突然ですが

1000人という数字を
聞いてどんなことを思いますか？

では1000人の秘密をお伝えしますね^^

起業をしていく上で、自分たちを知っていただくためにブログやインスタ、FBといったSNSを頑張って活用した方がいいと聞くことが多いと思います。この本もブログをメインとした集客の方法を指南しています。

私は、発信は歯磨きをしないと気持ち悪いくらいな感じで発信をしないと気持ち悪いです。

そんな呼吸をするのと同じように発信を毎日続けています。

で、なんで発信が大切なのかはもう知っていることだと思いますが。（単純接触回数を増やすことで信頼関係ができ申し込みが増えます）

発信したら終わり！ではなく毎日、発信をする上で【数字】を意識することは本当に大切です！

よくいただく声に「認知を広めたいから発信している」とおっしゃる方が多いですが認知の前に大切なこと。それが【露出】です

専門的になりますが、どれくらいの方の前に発信で【立つことができたか】がまずはめちゃくちゃ大切です！

読まれなくてもいいのです！

まずは知らない人のところに自分という存在を出していくことがとても大切です。
例えばブログでしたらアクセス数（自分の発信がどれくらい見ていただいたかの指標になります）
インスタでしたらインサイトを見ていただいて
その中のインプレッション数（投稿した全ての写真が閲覧されたのべ回数）などなど自分の使っている媒体がどれくらいの人のところまで届いているか
これを毎日、チェックすることも大切です。この人数が1日1000名の前に立つことができて初めて、本命商品や継続メニューなどの高額と言われているメニューにお申し込みをいただけるようになります。
私は初めてこれを聞いた時
「え?? 月に1000名じゃなくって・・?? 1日に1000名とか

凄すぎじゃない⁇⁇」

とフラフラになりながら

電車の中で考えた記憶がございます。笑

1日に1000名の読者さんの前に立つためにブログだったら1日3記事書くことだってありました。

インスタもFBも数字をあげていくためにフォロワー数をあげていくことと発信することを合わせてやっていき朝から数字を追いながらなんとか1000名の前に立ち続ける。

そんなことを続けていった結果、ありがたいことに本講座にも申し込みをいただくことができるようになりました。

最初の頃は発信するだけで花マルです＾＾

でもそこから売り上げをしっかりあげていきたい！　生計を立てていくのだ‼　となったらビジネスですから当然の行動量が必要になります。

私の場合、朝活をして朝のうちに発信をしておかないと、昼から挽回していくには、時間が足りません（泣）

数字を追ってみていく。目標とする数値に足りていなかったらその目標に達することができるまで何が何でもやりきります。ぜひ発信ができて満足ではなく、露出するまで意識して行動してみてくださいね。

ではこのような【露出】をしていく方法をお伝えしますね。それは1つの発信を他媒体でも使っていくことになります。

私の場合、アメブロで書いた1記事を、インスタや、FBに上げています。読者さんたちも良く見る媒体は人によって違います。発信に慣れてきたら1つの記事をいろんな媒体に上げていきましょう。

最初のうちは1つの媒体で、1000人の前に立つのは正直厳しいですが、発信を続けていくうちにフォロワーさんが増えるので、結果的に1回の発信で1000名の前に出れるようになります。

継続は力なりです。


アメブロの場合、読者登録といいね機能がございます。発信をしたあとは必ず、見ていただく行動をすることが大切です。

自分のビジネスに興味がありそうな方に、読者登録やいいねをすることで露出をしていきます。すると、「読者登録」や「いいね」がされることで気になって見ていただける可能性が上がります。

アメブロの場合（2023年11月現在）読者登録は1日に200名、いいねは1日300名にすることができます。これを毎日行うことで露出が増えます。アクセス数が伸びない時は、この方法もオススメです。

また公式ハッシュタグをつけることもオススメです。アメブロにはランキング機能があります。このランキングに載ることで見ていただく可能性が上がります。公式ハッシュタグをつける時のポイントは、お客様が興味がありそうな内容でかつ、最初はニッチな公式ハッシュタグをつけることです。このハッシュタグをつけて露出を行うことでランキングに載ることができる人が多いです。

ランキングに載ったら、その様子をスクショして実績記事を書くこともできます。申し込みがない時に一番最初にできる実績になります。

こんな風に発信をしながら、実績もつけることができるのでオススメの方法です。

基本的に

・新規の読者さんが増えるように露出をしていくこと
・また読みたい！と思っていただけるようにライティング技術を磨くこと
この２つを意識して毎日の発信を行っていくのが大切になります。

たった１記事でお申し込みが入るほど甘い世界ではございません。でも毎日、毎日最低３ヶ月間続けていくことで、申し込みをいただける魔法の媒体になります。

毎日１０００名の方の前に露出することができたか、この辺りも合わせて毎日の発信をしていってくださいね。

おまけ

それでも一歩
踏み出せないあなたへ

幸めぐる起業塾　心理系起業コンサルタント

大倉　ともみ

専業主婦12年から子育て講師で起業。めぐみさんから学び11ヶ月申込みゼロのブログが、習って3ヶ月目に申込みが入りました。親子が幸せに生きてほしい想いを5年書き続け、「あなただから」「心に響く文章を書きたい」と全国から選ばれています。過去の私のように自己流で書いている方はこの本を読んで実践し、あなたを待っている方に出逢い、幸せがめぐる社会を共に創る仲間になれたらうれしいです。

食養生講師・ライティング講師

飯島　美歌

「美歌さんの文章を読んでいたら、私のことをこんなに理解してくれる人がいるんだ…と涙が止まらなくなりました」

まだ会ったことのない方がこんなな言葉をくださるんです♪

《届けたい想い》を《届けたい人》に届けられるようになったことで、同業者や金額に左右されずに、年間1000人を超えるお客さまに出会い続けられています

皆さんもこの本や田村さんのブログを参考に、想いを届けてみてください。「アナタだから」選んでいただけるお客さまと必ず、必ず出逢えます！

リアン株式会社・色彩心理カウンセラー・ライティング講師

小林　りえ

目に見えない人の心理や自分の想いを言葉にする難しさを感じていましたが想いが伝わる文章が書けるようになったことで

「りえさんから学びたいです」「共感しました」と全国からお申込みいただけるようになり

大好きなかけがえのない生徒さんたちと出逢うことができました。

「ライティング技術は一生ものの宝。学んでよかった」と心から思う日々です。

届けたい想いはあるのに

言語化が苦手と思われたら、大好きなお客様と出逢えるライティング術一緒に頑張れると嬉しいです♪

自然療法セラピスト・ライティング講師

浜中　あき

『まさに私のことです！　と涙されます！』

心と体・感情・感覚伝えたい想いを言語化出来ずもどかしさがありました。

オンリーワンライティングを学び「私のためのメッセージ！」「心に響き泣きました」とのお言葉やコロナ禍でも飛行機や新幹線に乗って学びに来て下さる、距離や価格で選ばれず、「あきさんだから」とお申し込みをいただける様になりました。

この本の内容や、田村さんのブログを参考にすると『届けたい方へ想いが伝わる最強のライティング術』を手にすることが出来ますよ！

マシューフラワーアーティフィシャルフラワー（造花）教室

名村　真澄（ナムラ　マスミ）

心にスッと入り込んで読みやすく、温かさがあって衝撃を受けためぐみさんのブログに出会っていなかったら、今の私のフラワースクールはありません！

オンリー1な文章術に、人の気持ちを大切にすることや礼節を大切にすること、起業に必要な実績を見せるノウハウまでも学ばせていただきました。

このオンリー1ライティング®で、当スクールの受講生が、実績を重ねています。

本書を読み込み、めぐみさんのブログなどを参考にしながら、一歩を踏み出してみてください！　近い未来に、新しいビジネスの扉を開いていると思います！

0歳からの音楽脳育専門家／ゼロからの講座構築コンサルタント

髙村　美佐

「五感を磨くことで、より自分らしく生きられる人々を増やす」ことをミッションに掲げて活動しています。

めぐみさんの元で学ばせて頂いたお陰で

受講生さんに目に見える変化＆成長を実感してもらえるようになりました。

めぐみさんから学んだのは集客法だけではありません。

〝愛されるリーダーとしての在り方〟そのものを学ばせて頂きました。

「目指せ！音楽業界のめぐみさん！」を目標に精進しています。

ぜひ皆さんご一緒しませんか？

画面の向こうのまだ見ぬ読者さんに届けるもの

ここまで、「あなただから買いたい」と言っていただくためのライティング・発信方法をメインにお伝えしてきました。

もちろん申し込みをいただくには、テクニックももちろん必要ですが、それ以上に大切なもの、それが

「発信者の気持ち」になります。発信の1記事、1記事は一期一会です。1回、1回が奇跡の出会いで読者さんとつながっていくラブレターになります。

読者さんに、この1記事で少しでも役に立てられたら嬉しい。ほっこりしてほしい。楽しんで欲しい。そんな風にまだ顔もわからない読者さんに想いを添えて書いていくのが何より大切です。

理想はこの状態でいつでも発信ができることですが、私たち発信者も人間です。

・落ち込んでいる時
・忙しい時
・今日は気分が乗らない時

いろんな気持ちの時があります。

でも起業をしていく上で発信はお客様と出会っていくための大切な仕事になるので、そんなマイナスの心の状態（マインド）で発信をしてしまうことも時にはあるかと思います。

そんな時は、一度パソコンやスマホから離れて、散歩をしたり、好きなことをしたりして、
気持ちを整えてから発信をする。これもプロとして大切な部分になります。

発信の言葉には書いていなくても、行間からそんなマイナスの目に見えませんがエネルギーが読者さんに伝わってしまうのです。

この「とりあえず発信をする」と心伴わずにただの業務として、発信をするようになった瞬間に残念ながら、申し込みという目に見えた結果が手に入らなくなります。


私ごとですが、もうかれこれ12年、起業の世界で発信を行っていますが

「書きたくない」時って正直あります。

でも、仕事だから……と【とりあえず書いた記事】から申し込みが入ったかと言われるとそこはNOと断言できるくらい、私たち発信者の心は読者さんに伝わります^^

私の場合「今日は発信をしたくない症候群」にかかった時は、まずパソコンやスマホから離れて散歩をしたり、服を勝負服（講座で使うもの）に着替えたり、大好きなアロマの香を嗅いだり、自分がプラスの気持ち（エネルギー）になる準備をしています。

最近のおすすめは、好きな香りをつけることで集中力も上がって、さらにプラスの感情になるので好んで使っています。

それくらい、私たち発信者の気持ちを整えてから、発信をすることも大切になります。

発信はラブレターです。

例え目の前にいなくても「大好きな方」にメッセージを送る。1通1通、自分の気持ちを乗せていく意識で発信をし

ラブレターを受け取ってくれた、大好きだ！と言える素敵なお客様とのご縁をどんどん広げていってくださいね。

あとがき

ここまで、本書をお読みいただきありがとうございました。

女性が、特に主婦やママさんが何かビジネスをやってみたい、起業してみたいと思っても、いったい何から始めれば良いのか分からない。あるいは、ネットを利用して集客できるのだろうかと多くの漠然とした疑問を抱えてしまうと思います。

何事も行動するためには知ることが大切だと思います。と言いつつ、私に関してみれば、行動しながら体当たり的に試行錯誤してきた面も否めません。しかし皆さんには、先に得られる知識は得た上で、効率良く行動していただきたいと思います。

そして、「今こそ始めるタイミングのようながする」という直感は大切にしてください。ベビーステップで構いませんので、一歩を踏み出してください。

情報を発信するには、とにかく書くことです。まだ考えがモヤッとしているから書けない、と思うかもしれませんが、むしろ書く事でモヤッとしていた思いやアイデアが具体的になることが多いものです。文章に書き出してみると、不思議と頭の中が整理できます。

文章にアウトプットする習慣が付くと、モヤッとした思いを具体的に表すトレーニングになります。

ですから、ブログで情報発信を始めたけれども申し込みがない、という期間が誰にでもありますが、その期間は無駄にはなっていません。自分のコンテンツを育んでいる期間です。申し込みが来ない期間も、これから申し込みがくるようになる、という想像でワクワクしながら楽しんでください。

あなたが書くブログの記事の一つひとつは、これからお客様になるかもしれない人への大切なラブレターです。

この本も、手にとってくださった方へのラブレターだという思いで書きました。ラブレターにしては長すぎるかもしれませんが、読んでくださった方には、少しでも多くの贈り物をお渡しできていれば幸せです。

本書が「起業が楽しい」そう心から思えるきっかけになると信じています。

とはいえ、発信は自分との闘いの時も多くあります。何を書いたらいいのかわからなくなる時。同業者が気になって、自分の言葉で発信ができなくなってしまった時。急に思うように申し込みが入らなくなってしまった時。いろんな状況がこれから出てくる方もいるでしょう。

そんな時に、ここまで読んでくれたあなたのために、特別なプレゼントを準備しました。

こちらのＱＲコードより、メルマガ登録をしていただけたら無料で本書の内容をさらに詳しく解説した

「あなたから買いたい」を叶える７ｄａｙｓ 動画講座をプレゼントさせていただきます。期間限定になりますのでお早めにゲットしてくださいね。

https://www.reservestock.jp/subscribe/250475

「ありがとうの数だけステージが上がる」私の大好きな言葉です。パソコンやスマホで発信をしたとしても、必ず画面の向こうには大切な読者さんがいてくださっています。大切な時間をかけて読んでくださっている方がいることを忘れず、ぜひ発信を楽しんでいただけたらこれ以上に嬉しいことはありません。

そして皆さんの未来が豊かで明るく健やかであることを願っています。
本書を完成させるにあたっては、実は多くの方のお力添えをいただきました。編集を担当してくださった高山芳英さんをはじめとするビジネス教育出版社の皆様、厚く御礼申し上げます。

大好きなairipiメンバー、受講生、卒業生の皆様。皆様が頑張って結果を出してきてくれたおかげで、出版という夢を叶えることができました。あわせてたくさん温かい言葉をかけてくれてとても励みになりました。
皆様のおかげで改めて「今」があると感謝の気持ちでいっぱいです。

そしていつも一番近くで支えて応援してくれた主人、子どもたち。「子どもとの時間を大切にしながら自分らしく働きたい」その私の想いを大切にしてくれて、どんな時も前向きな言葉をかけてくれたおかげで、ここまで足を止めずに進むことができました。本当にありがとう!

田村　めぐみ

「あなたから買いたい」を創り出す
お客様へのラブレター　ボランティアスタッフ
スペシャルサンクス

栗山　弥生

こうだ　まみ

渡辺　みゆ

きっこうじん　なおみ

山口　幸子

大倉ともみ

飯島美歌

小林りえ

浜中あき

名村真澄

髙村美佐

MEMO

MEMO

■著者紹介

田村　めぐみ（たむら・めぐみ）

ママ起業コンサルタント　airipi アカデミー主宰　株式会社 airipi 代表取締役社長
1984年生まれ。3人の子供がいる母親。
「子どもや家族との時間を大切にしながら、自分らしく働く自立した女性を増やす」をミッションにゼロからの起業をサポート。起業を「幸せになるためのツール」と定義し、「女性だから」「ママだから」を理由に諦めることなく、「女性だからこそ」「ママだからこそ」家族も自分自身も大切にできる働き方を提唱している。
アメブロ・インスタグラム・無料ビジネスメールレターはこちら。

◆アメブロ「リピート率92%　愛されリピートの方程式」
フォロワー　7150人
https://ameblo.jp/smile-pleasure/

◆インスタグラム　フォロワー1.3万人
https://www.instagram.com/mamakigyou_megumiciel/

◆無料ビジネスメールレター　12600名登録
https://www.reservestock.jp/page/step_mails/14729

「あなたから買いたい」を創り出すお客様へのラブレター

2024年1月25日　初版第1刷発行
2024年2月10日　初版第2刷発行

著　者　**田村　めぐみ**
発行者　延對寺　哲
発行所　㈱ビジネス教育出版社
〒102-0074　東京都千代田区九段南4−7−13
TEL 03-3221-5361（代表）／ FAX 03-3222-7878
E-mail▸info@bks.co.jp　URL▸https://www.bks.co.jp

印刷・製本　ダイヤモンド・グラフィック社
ブックカバーデザイン　飯田理湖
本文デザイン・DTP　浅井美津

ISBN978-4-8283-1042-8